MEDITRAIN Zentralstelle für Testtraining des IFT
Institut für Testforschung & Testtraining, Köln (Hrsg.):

Klaus Gabnach
Lutz W. Fichtner

Den Eignungstest zum Medizinstudium EMS/TMS erfolgreich trainieren Band 1

Trainingstest zum TMS/EMS

Übungstest zur Vorbereitung von TMS und EMS

204 Aufgaben mit Lösungsschlüssel

Meditrain -Verlag Klaus Gabnach
5. überarbeitete Auflage 2015

Institut für Testforschung und Testtraining Köln. Seit 1985.

Hinweis: Zu diesem Trainingstest ist ein Lösungsheft erschienen, das Ihnen eine präzise Erfassung der gemachten Fehler gestattet und Ihnen die Nachbearbeitung der korrekten Lösungswege ermöglicht. In diesem Lösungsheft finden Sie zudem wichtige Hinweise zur Bearbeitung der Aufgaben und zu Fallen in den jeweiligen Aufgabenstellungen sowie Informationen zu speziellen Sachverhalten, die im vorliegenden Trainingstest nicht enthalten sind.

5. vollständig überarbeitete und aktualisierte Auflage 2015

Das Werk einschließlich aller seiner Teile ist urheberrechtlich geschützt. Jede Verwertung außerhalb der engen Grenzen des Urhebergesetzes ist ohne Zustimmung des Herausgebers unzulässig und strafbar. Das gilt insbesondere für Vervielfältigungen, Übersetzungen, Mikroverfilmungen und die Einspeicherung und Verarbeitung in elektronischen Systemen. Die gewerbliche Nutzung des Inhaltes dieses Buches ist ohne Zustimmung des Herausgebers nicht zulässig.

Printed in Germany

© 1995 - 2015 by MTK-Meditrain-Verlag Klaus Gabnach
Brauweilerstr. 14, 50859 Köln, Deutschland

ISBN 978-3-930715-28-2

Vorwort

Im Jahre 1986 wurde erstmals der Test für medizinische Studiengänge (TMS) an den medizinischen Fakultäten deutscher Hochschulen als sog. „besonderes Auswahlverfahren" neben der Zulassungsbeschränkung über die Abiturnote eingeführt und bis 1997 angewendet. 1994 wurde der TMS dann von der **Schweiz** übernommen und 1998 erstmalig landesweit unter dem Namen EMS zur Anwendung gebracht um die Studentenzahlen zu reduzieren. Im Jahr 2005/2006 zog **Österreich** nach u. beschloss, den Schweizer EMS an den Universitäten Wien und Innsbruck einzusetzen (bis 2012). Der **deutsche TMS** und der **Schweizer EMS** sind somit in Art und Aufbau im Wesentlichen identisch. Während der deutsche TMS aus 9 Subtests besteht, wurde dem EMS-CH ein zehnter Untertest, das „Planen und Organisieren", hinzugefügt. Auch die Länge der einzelnen Untertests variiert bei proportionaler Anpassung der Bearbeitungszeit. In Deutschland kristallisierte sich schnell heraus, dass der Test in weiten Teilen stark trainierbar ist. Auch wenn die Testveranstalter – aus nachvollziehbaren Gründen – vehement widersprechen, so sind und bleiben TMS und EMS-CH trainierbar! Seit dem Sommersemester 2007 wird der Medizinertest (TMS) auch wieder in Deutschland zur Auslese geeigneter Medizinstudenten eingesetzt. Neben den baden-württembergischen Hochschulen kann der Medizinertest auch von Hochschulen außerhalb Baden-Württembergs im Auswahlverfahren der Hochschulen berücksichtigt werden. So wird das Testergebnis z. Zt. von ca. 17 deutschen Hochschulen berücksichtigt. Weitere Bundesländer beabsichtigen diesem Beispiel zu folgen.

In der Schweiz und in Österreich darf der Test mehrfach abgelegt werden. Anders in Deutschland: Um zu verhindern, dass der prognostische Wert des Tests durch Lerneffekte untergraben wird, dürfen sich Bewerber dem TMS nur einmal in ihrem Leben unterziehen. Bereits diese Regelung zeigt schon, wie abhängig der Erfolg eines Bewerbers von der Vorbereitung auf den TMS sein kann. Die von Meditrain, der Zentralstelle für Testtraining des IFT Institut für Testforschung in Köln, herausgegebene Reihe „Den Eignungstest zum Medizinstudium EMS/TMS erfolgreich trainieren", deren erster Band Ihnen hier vorliegt, soll hierzu einen Beitrag leisten und Testkandidaten eine erfolgreiche Vorbereitung auf den Medizinertest ermöglichen. Die Reihe ergänzt das bereits seit 1986 bestehende Angebot von Trainingsseminaren zum Eignungstest für das Medizinstudium, die von MEDITRAIN länderweit durchgeführt werden.

Der in diesem Buch auf vielfachen Wunsch veröffentlichte Trainingstest stellt einen sog. Paralleltest zum Original-TMS dar und besteht wie dieser aus insgesamt 9 Untertests mit insgesamt 204 Aufgaben. Er wurde über einen Zeitraum von 10 Jahren entwickelt und an mehr als 2000 Personen erprobt und soll Ihnen bei Ihrer Vorbereitung auf den Ernstfall helfen.

Dem TMS wie auch dem EMS liegen nicht nur eine inhaltliche, sondern auch eine strenge zeitliche Gliederung zugrunde, die bei der Bearbeitung eingehalten werden muss. Fünf Untertests – Muster zuordnen, Medizinisch naturwissenschaftliches Grundverständnis, Schlauchfiguren, Quantitative und formale Probleme und Konzentriertes und sorgfältiges Arbeiten – werden, zusammengefasst im Testheft Teil A, am Vormittag bearbeitet, die restlichen vier Untertests nach einer genau einstündigen Mittagspause am Nachmittag. Hierzu wird zunächst das sog. „Lernheft" ausgeteilt, das die Lernphasen zu den beiden Gedächtnistests „Figuren lernen" und „Fakten lernen" enthält. Dieses Lernheft wird vor der Bearbeitung des Testheftes „Teil B", in dem der Untertest „Textverständnis", die Reproduktionsphasen der beiden Gedächtnistests und der Untertest „Diagramme und Tabellen" zusammengefasst sind, wieder eingesammelt. Jeder Untertest muss in einer bestimmten Zeit bearbeitet werden, Zeitüberschreitungen sind nicht zulässig. Halten Sie die vorgegebenen Zeiten daher auch bei der Bearbeitung des vorliegenden Trainingstests unbedingt ein. Beginnen Sie die Testbearbeitung am besten wie bei der Original-Testabnahme gegen 9:30 Uhr und halten Sie auch die einstündige Mittagspause genau ein. Sie werden dann gegen 17:00 Uhr mit der Testabnahme fertig sein.

Bei Durchsicht des Trainingstests werden Sie feststellen, dass jedem Untertest jeweils ein kurzer Hinweis zur Bearbeitung vorangestellt ist. Dies entspricht der Originalvorgabe. Bitte machen Sie sich mit diesen Anweisungen vertraut, zum einen, um während der Testdurchführung keine Zeit damit zu verlieren, zum anderen, um eventuellen Fehlschlüssen hinsichtlich der genauen Aufgabenstellung zu entgehen.

Alle Aufgaben – mit Ausnahme des Konzentrationstests – sind als Multiple-Choice-Aufgaben konstruiert, d.h. *von den angebotenen Lösungen ist im Sinne der Aufgabenstellung nur eine im Lösungsbogen anzustreichen.* Nur für eine richtig markierte Lösung gibt es auch einen Punkt. Falschmarkierungen – darunter fallen sowohl nicht korrekte Antworten als auch Doppelmarkierungen – führen nicht zu einem Punktabzug; als Konsequenz sollten Sie daher *in jedem Fall eine Lösungsalternative markieren,* auch wenn Sie die korrekte Antwort nicht wissen oder aus Zeitgründen die zugrunde liegende Aufgabe nicht mehr bearbeiten konnten! Im statistischen Durchschnitt beträgt nämlich die Wahrscheinlichkeit, dass Sie richtig liegen, 20% - d.h. bei fünf zufällig markierten Lösungen werden Sie im Mittel eine Lösung richtig raten! Allerdings sollten Sie gerade hierbei über eine *ausgeklügelte Ratestrategie* sehr gut nachdenken. Raten wie beim Lottospiel bringt i.d.R. nicht den erhofften optimalen Zugewinn an Ratepunkten. In den Vorbereitungsseminaren von MEDITRAIN wird Ihnen u.a. eine sehr gut durchdachte Ratestrategie vermittelt.

Für alle Teilnehmer am deutschen TMS gilt: Sie können nicht davon ausgehen, dass Sie für alle richtig markierten Lösungen auch einen Punkt erhalten. Alle Untertests mit 24 Aufgaben, mit Ausnahme der Module „*Figuren lernen*", „*Fakten lernen*" sowie „*Konzentriertes und sorgfältiger Arbeiten*", enthalten nämlich *mindestens vier sogenannte Einstreuaufgaben,* die ohne Berücksichtigung der Korrektheit Ihrer Lösungsmarkierungen nicht gewertet werden. Es handelt sich hierbei um Aufgaben, deren Formulierung, Inhalt und Schwierigkeitsgrad im Hinblick auf den TMS des Folgejahres erforscht werden. Beim Schweizer EMS wird auf derartige Einstreuaufgaben verzichtet und deshalb zählen auch alle richtig gelösten Aufgaben einen Punkt!

Innerhalb eines Untertests sind die *Aufgaben nach ansteigendem Schwierigkeitsgrad geordnet.* Dies sollte Sie allerdings nicht daran hindern, weiter hinten stehende Aufgaben bevorzugt zu bearbeiten, wenn Ihnen deren Inhalte und Problemstellungen eher liegen. Denken Sie daran, dass der Schwierigkeitsgrad einer Aufgabe statistisch ermittelt wird; eine Aufgabe, die im Mittel für die Mehrheit einer untersuchten Gruppe schwierig ist, kann daher für ein einzelnes Mitglied der Gruppe durchaus kinderleicht sein!

Halten Sie sich unbedingt an die festgelegten Zeiten. Sollten Sie bei einem Subtest vor Ablauf der Bearbeitungszeit fertig werden, überprüfen Sie Ihre Ergebnisse. Innerhalb eines Subtests können Sie beliebig hin- und herblättern; blättern Sie aber niemals zurück oder vor zu einem anderen Untertest! Im Originaltest führt dieses Verhalten zum sofortigen Ausschluss! Markieren Sie Ihre Lösungen daher auch immer sofort auf dem Lösungsbogen, auf keinen Fall nur im Testheft! Sobald das Kommando zum Umblättern zum nächsten Untertest oder zur Abgabe käme, wären alle Lösungen rettungslos verloren!

Denken Sie auch daran, dass Sie sich in den Lernphasen zu den beiden Gedächtnistests *Figuren lernen* und *Fakten lernen* keine Notizen machen dürfen!

Bei der Testauswertung sollten Sie natürlich die wertungslosen Einstreuaufgaben berücksichtigen, in dem Sie aus den genannten Subtests jeweils vier Aufgaben (aus dem Subtest *Textverständnis* einen kompletten Text mit seinen 6 Fragen) – am besten durch Würfeln – willkürlich als Einstreuaufgabe kennzeichnen. Sollten Sie diese Aufgaben dann korrekt auf dem Antwortbogen markiert haben – Pech gehabt!

Die Punktzahl im Konzentrationstest lässt sich nicht ganz so leicht ermitteln. Welche Punktzahl Ihnen für Ihre Leistung gegeben wird, ist von der Leistung aller anderen Testteilnehmer abhängig. Die jeweils 2,5% besten bzw. schlechtesten Testteilnehmer erhalten den Punktwert „Zwanzig" bzw. „Null" zugeteilt. Die Punktwerte 1 bis 19 werden gleichmäßig für die verbleibenden Rohwerte vergeben. Für ein grobe Abschätzung Ihrer Testleistung gilt: Den Konzentrationstest (1600 Zeichen/40 Zeilen) werten Sie aus, indem Sie alle korrekten Markierungen addieren und davon alle übersehenen Zeichen und Fehlmarkierungen abziehen. Von dem so erhaltenen Rohwert ziehen Sie 140 Punkte ab, teilen dann das Ergebnis durch 10 und runden das erhaltene Endergebnis auf eine ganze Zahl. Ergebnisse über 20 entsprechen einer Punktzahl von 20, Ergebnisse die kleiner sind als Null, erhalten die Punktzahl Null.

Seien Sie mit Schlussfolgerungen zur Zulassung aufgrund des von Ihnen erreichten Testergebnisses sehr vorsichtig! *Bei der Original-Testabnahme spielen für die reale Testleistung wesentlich mehr Faktoren eine Rolle* als bei einer zu Hause absolvierten Testsimulation, wie Stress (Adrenalinausschüttung), Gemütslage, Konzentrationsfähigkeit, Motivationslage, Temperatur im Testraum, Gesundheitszustand u.a.. Die Höhe des für eine Zulassung notwendigen Testwertes (der sich aus der Punktzahl und weiteren statistischen Größen berechnet) hängt von der Studienrichtung (Human-, Zahn oder Tiermedizin), der Qualität Ihrer Mitstreiter und der erwarteten Anmeldequote ab.

Von Seiten der Testentwickler wird zu einer Vorbereitung auf den Test dringend geraten. Für ein Training des EMS und TMS gilt: Je besser die Trainingsintervention ist, umso schneller erreicht jemand seine individuelle Leistungsassymptote. Übung und Training stellen daher eine Notwendigkeit für die Bewerber dar, weshalb Trainingsversionen des Tests öffentlich erhältlich sind.

Bei Ihrem Training des TMS und EMS sollten Sie die *Reihenfolge der Subtests bzgl. ihrer Trainierbarkeit* beachten und entsprechende Trainingsschwerpunkte setzen:

- 1. Muster zuordnen
- 2. Figuren lernen
- 3. Fakten lernen
- 4. Schlauchfiguren
- 5. Konzentrationstest
- 6. Quantitative und Formale Probleme
- 7. Medizinisch-naturwissenschaftliches Grundverständnis
- 8. Diagramme und Tabellen
- 9. Textverständnis

Abschließend noch eine Anmerkung zum vorliegenden Trainingstest: Auf die im Original-TMS/EMS freigelassenen Räume für die Notizen des Bearbeiters wurde hier weitgehend verzichtet, um den Umfang – und damit den Preis – dieses Buches nicht unnötig zu erhöhen. Daher folgen die Aufgaben in vielen Untertests dichter als im TMS/EMS üblich.

Das Team der Meditrain Testforschung wünscht Ihnen nun viel Erfolg bei Ihrer Vorbereitung auf den Medizinertest bzw. den Eignungstest für das Medizinstudium (EMS) und natürlich die Zuteilung eines der begehrten Studienplätze in Medizin.

MEDITRAIN TESTVORBEREITUNGEN KÖLN

EIGNUNGSTEST FÜR DAS MEDIZINSTUDIUM

(TMS/EMS)

TEIL A
Trainingstest 1

Name: _____

Vorname: _____

TMS-EMS-Nummer: _____

MEDITRAIN, Köln 2015©

Muster zuordnen **Bearbeitungszeit: 22 Minuten**

In den folgenden Aufgaben wird Ihre Fähigkeit geprüft, Ausschnitte in einem komplexen Bild wiederzuerkennen.

Dazu werden pro Aufgabe ein "Muster" und je fünf "Musterausschnitte" (A) bis (E) vorgegeben. Sie sollen herausfinden, welcher dieser fünf "Musterausschnitte" an irgendeiner beliebigen Stelle deckungsgleich und vollständig auf das "Muster" gelegt werden kann; die "Musterausschnitte" sind weder vergrößert oder verkleinert noch gedreht oder gekippt.

Beispielaufgabe:

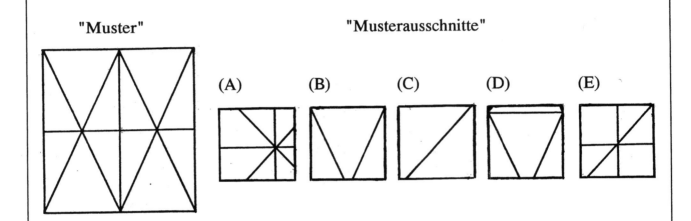

Die Lösung ist (B); dieser "Musterausschnitt" ist deckungsgleich mit einem Bereich im rechten oberen Viertel des "Musters".

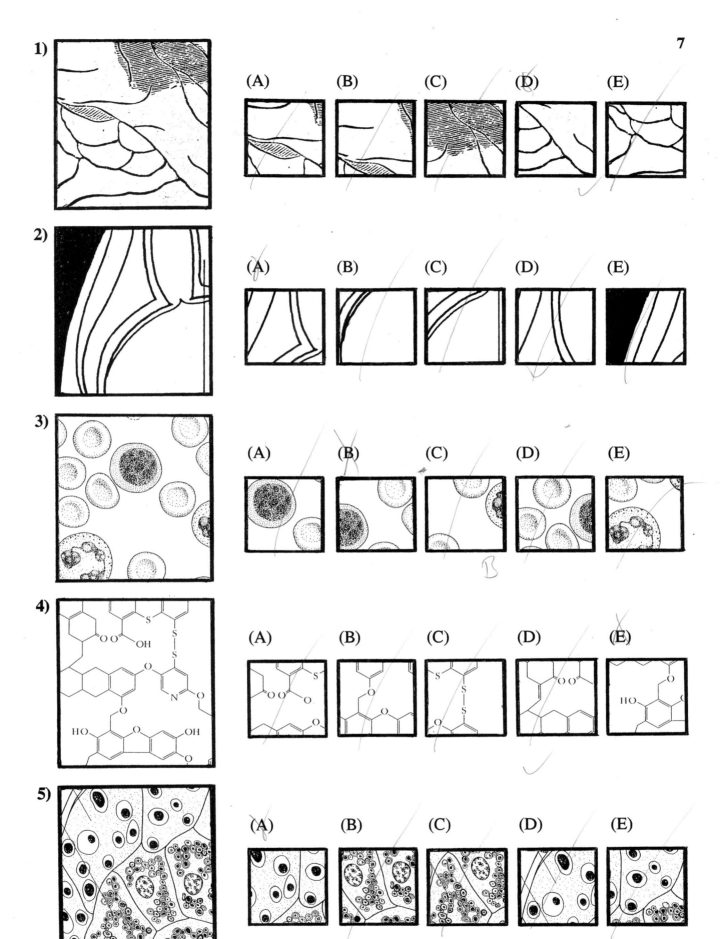

8

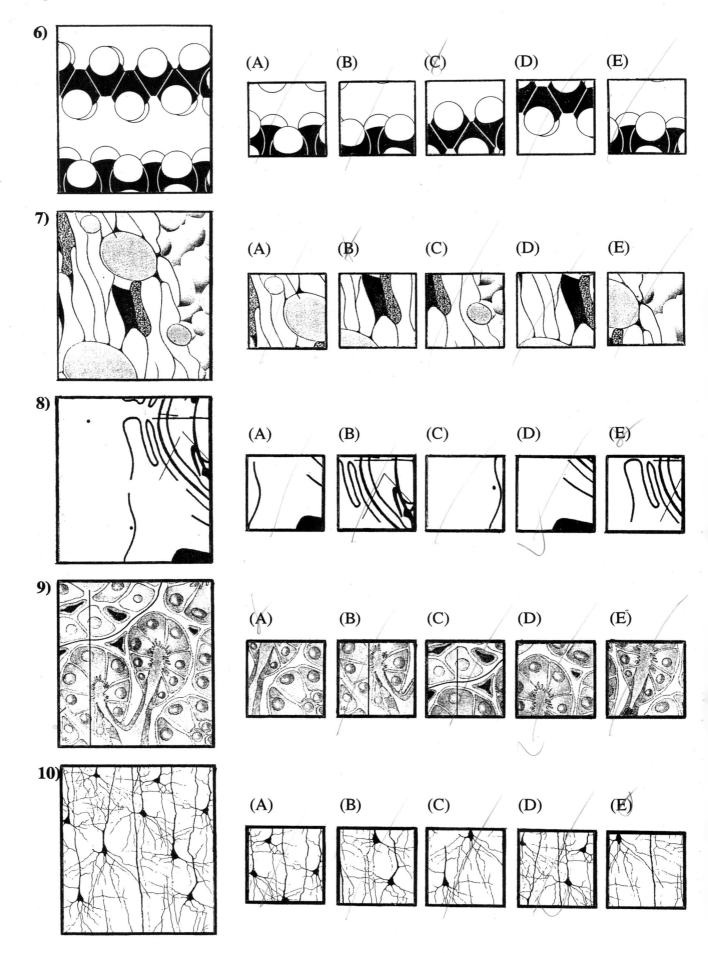

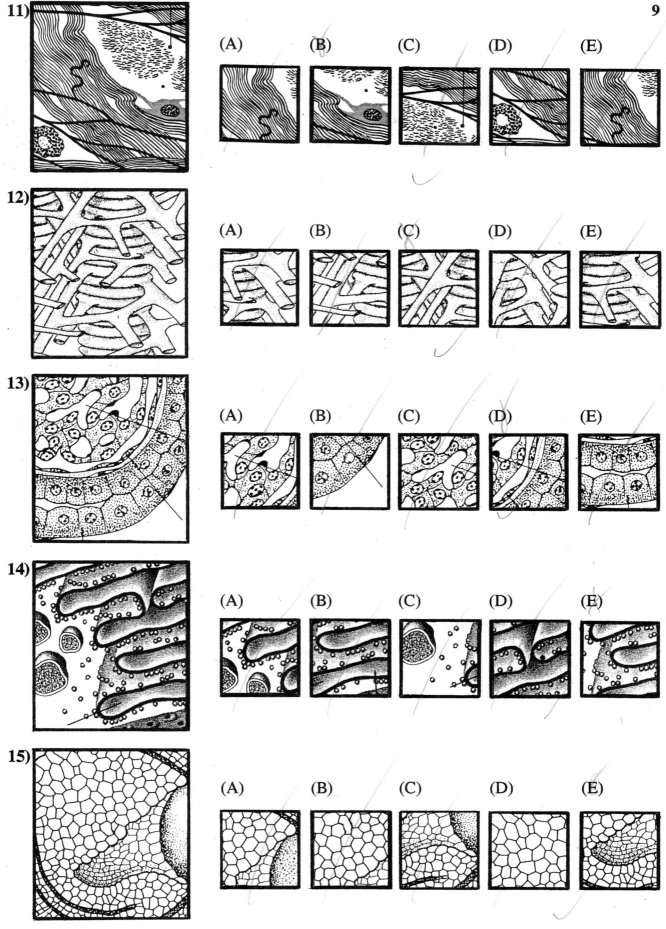

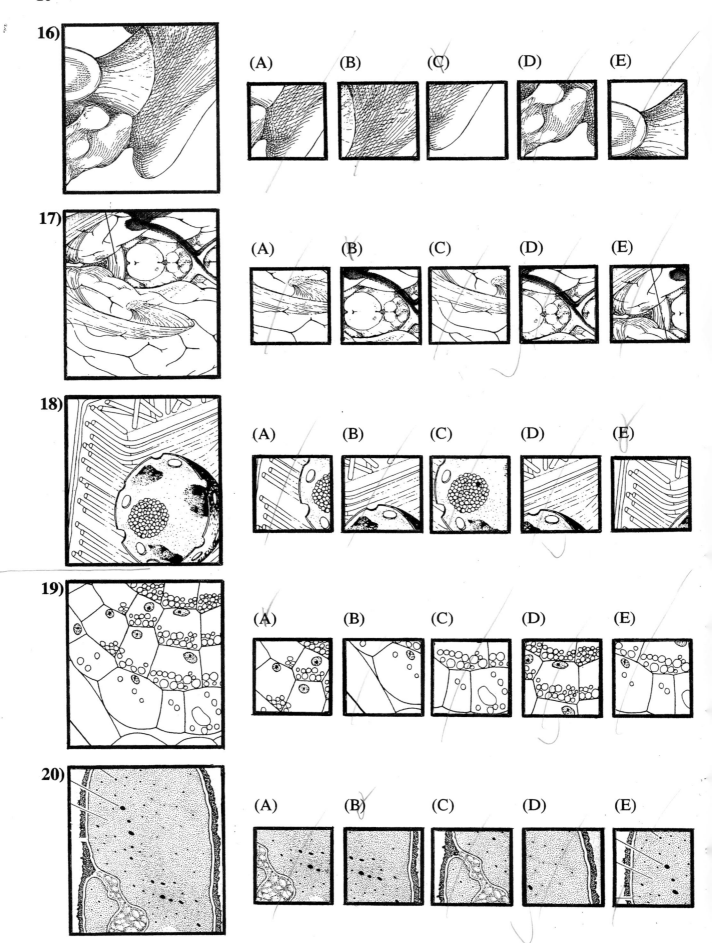

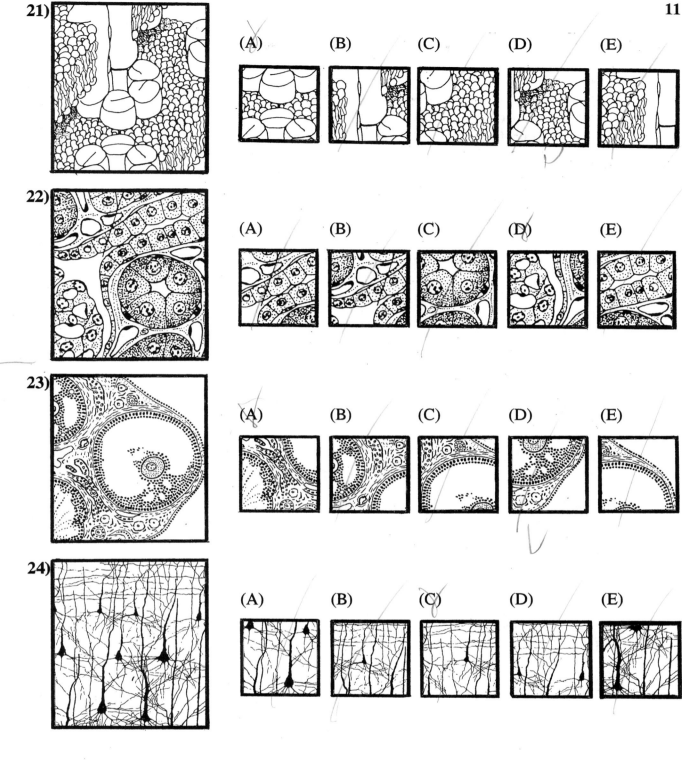

Med.- naturwiss.- Grundverständnis   **Bearbeitungszeit: 60 Minuten**

> Die folgenden Aufgaben prüfen das Verständnis für Fragen der Medizin und der Naturwissenschaften.
> Markieren Sie auf Ihrem Antwortbogen für jede Aufgabe die richtige Antwort.

25)
Borrelia burgdorferi ist eine Spirochäte von korkenzieherartiger Form, ca. 30 µm lang und 0,18-0,25 µm durchmessend. Sie ist der Erreger der Lyme-Krankheit, deren wichtigster Überträger die Zecke Ixodes dammini ist. Der Lebenszyklus von I.dammini dauert gewöhnlich zwei Jahre. Die Eier werden im Frühjahr abgelegt, und einen Monat später schlüpfen aus ihnen sechsbeinige Larven. Im ersten Sommer nimmt eine solche Larve eine einzige, etwa zwei Tage dauernde Blutmahlzeit von einem Wirt zu sich. Sobald im Herbst kaltes Wetter einsetzt, tritt Sie ins Ruhestadium ein. Im Frühjahr darauf häutet sich die Larve zu einer achtbeinigen Nymphe, dem letzten Jugendstadium; diese saugt dann drei bis vier Tage lang an einem Wirt. Beide Jugendformen befallen eine Vielzahl von meist kleinen Wirbeltieren, auch den Menschen. Gegen Ende des Sommers häuten sich die Nymphen zu geschlechtsreifen Zecken, die sich dann bevorzugt im Gebüsch etwa einen Meter über der Erde aufhalten. Von dort aus können sie sich leicht an größere Säuger heften. Wie ihre Jugendstadien kommen sie auf verschiedenen Wirtsarten vor. Wenn die Zeckenweibchen sich festgebissen haben, beginnt die Paarung. Während die Männchen bald darauf sterben, überwintern die Weibchen. Im Frühjahr beginnt der ganze Zyklus von vorn.
(Q.: G.S.Habicht u.a.: Die Lyme-Krankheit, in: Spektrum der Wissenschaft 9/1987, S.56.)

Welche der folgenden Aussagen ist gemäß dem vorstehenden Text korrekt?

(A)   Beide Geschlechter von I. dammini werden nur etwa 2 Jahre alt.
(B)   B.burgdorferi ist der Überträger der Lyme-Krankheit
(C)   Die Gefahr, von I.dammini angefallen zu werden, ist besonders hoch, wenn man im Spätsommer in durchseuchten Gebieten das Gebüsch durchstreift.
(D)   Die Jugendformen von I.dammini haben sechs statt acht Beine.
(E)   Die Blutmahlzeiten der Jugendformen von I.dammini dauern i.allg. etwa zwei Tage.

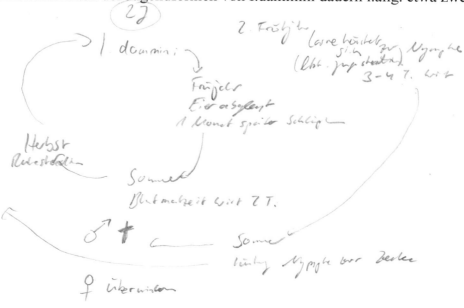

26)

Der menschliche Körper besteht zu 60% aus Wasser. Über die Lungen (Atmung), durch die Nieren und den Darm (Ausscheidung) sowie über die Haut (Transpiration) gehen von dieser Menge täglich 1,5 bis 2 Liter verloren und müssen durch Trinken und durch die Aufnahme wasserreicher Nahrung ersetzt werden. Im menschlichen Körper hat Wasser verschiedene Aufgaben: Es fördert die Entschlackung, transportiert Mineralstoffe, Spurenelemente und Stoffwechselprodukte und trägt zur Regulation der Körpertemperatur bei. Wird der tägliche Wasserverlust daher nicht oder nur unzureichend ausgeglichen, treten bald Mangelerscheinungen auf. Schon bei einem Fehlbestand von 3% geht die Harnproduktion zurück. Verluste von 10% können bereits zu einer geistigen Verwirrung führen; bei Verlusten von 15-20% besteht Lebensgefahr.

Welche der nachstehenden Aussagen ist gemäß diesem Text **nicht** ableitbar?

(A) Der Körper einer Frau mit einem Körpergewicht von 60 kg enthält ca. 36 kg Wasser.
(B) Eine der Aufgaben des Wassers ist die Wärmeregulierung des Körpers durch Transpiration.
(C) Mindestens 1,5 bis 2 Liter Wasser müssen täglich getrunken oder mit der Nahrung aufgenommen werden.
(D) Die Harnproduktion geht bereits bei einem Wasserfehlbestand von 3% zurück.
(E) Eine Folgeerscheinung des Wassermangels ist eine geistige Verwirrung.

27)

Bei dem Amniozentese genannten Verfahren entnimmt man in der 14.-15. Schwangerschaftswoche mittels einer Kanüle etwa 25 ml Fruchtwasser aus der Fruchtblase. Das Fruchtwasser enthält sowohl lebende als auch tote Zellen, die von dem sich entwickelnden Embryo stammen. Von diesen Zellen wird eine Kultur angelegt, in der sich die lebenden Zellen vermehren. Diese Zellen sind nun Gegenstand einer Chromosomenanalyse, bei der nach Abweichungen in Anzahl und Form der Chromosomen gesucht wird. Auch Stoffwechselstörungen des Fetus lassen sich mit diesem Verfahren infolge überhöhter oder zu niedriger Protein- und/oder Enzymkonzentrationen im Fruchtwasser nachweisen.

Welche der im Folgenden genannten Informationen über den Fetus lassen sich gemäß Aussagen des vorstehenden Textes durch eine Amniozentese gewinnen?

(I) Das Geschlecht des Fetus, da dies vom Vorliegen eines zweiten x-Chromosoms bzw. eines y-Chromosoms abhängig ist.
(II) Genetische Defekte auf einem Chromosom.
(III) Trisomie, bei denen die Zellen des Fetus drei statt zwei gleichartige Chromosomen besitzen.
(IV) Strukturelle Defekte auf einem einzelnen Chromosom.

(A) Nur die Aussage I und II sind korrekt.
(B) Nur die Aussage I und III sind korrekt.
(C) Nur die Aussagen I, II und IV sind korrekt.
(D) Nur die Aussagen I, III und IV sind korrekt.
(E) Alle Aussagen sind korrekt.

28)

Die Leistungsfähigkeit des menschlichen Geruchssinns setzt die Existenz eines ungewöhnlich flexiblen Systems zur Erfassung von Molekülstrukturen voraus. Er wird auf eine Familie von hundert bis vielleicht einigen tausend verschiedenen Genen zurückgeführt, von denen jedes für die Bildung eines bestimmten Rezeptorproteins verantwortlich ist, welches wiederum nur auf eine bestimmte Molekülstruktur reagiert. Obgleich jede Geruchssinneszelle über einen vollständigen Satz aller Rezeptorgene verfügt, ist immer nur eines aktiv. Jede Zelle spricht somit nur auf einen einzigen Stoff an, so dass ein bestimmter Geruchseindruck das Ergebnis der Überlagerung von Meldungen mehrerer Geruchssinneszellen sein muss, die in den Richtzentren des Gehirns verarbeitet werden. Die große Zahl der möglichen Kombinationen von Meldungen verschiedenster Geruchssinneszellen erklärt die Vielfalt der unterscheidbaren Geruchsnuancen - bei Menschen mehr als 10.000. Viele Tiere, z. B. bestimmte Falterarten, übertreffen ihn jedoch noch bei weitem.
(Q.: A.Brennicke: Zugang zur Geruchswelt, in: Spektrum der Wissenschaft 3/1992, S.21-22)

Welche der folgenden Aussagen lässt sich aus diesem Text heraus **nicht** belegen?

(A) Jedes Rezeptorprotein wird an einem bestimmten Gen gebildet.
(B) Menschen können im Allgemeinen mehr als 10.000 Geruchsnuancen unterscheiden.
(C) Ein spezifischer Geruchseindruck entsteht erst in den Riechzentren des Gehirns.
(D) Jede Geruchssinneszelle spricht nur auf einen einzigen Stoff an.
(E) Jede Geruchssinneszelle verfügt zwar über den vollständigen Satz aller Rezeptorgene, aber nur über eine Art von Rezeptorproteinen.

29)

Das menschliche Auge kann durch sechs Muskeln, die an der knöchernen Wand der Augenhöhle ansetzen, gehoben oder gesenkt, nach links oder rechts gedreht und gerollt werden, wobei der Augapfel um die sog. anatomische Achse rotiert. Das Auge kann von den Muskeln aber auch etwas aus der Augenhöhle herausgedrängt oder etwas in sie hineingezogen werden. Alle Dreh- und Rollbewegungen des Auges erfolgen dabei um einen Drehpunkt, der etwas hinter der Mitte des Augapfels liegt. Je zwei Muskeln arbeiten gegensätzlich zueinander; der äußere und der innere gerade Muskel sorgen für die Rechts-Links-Bewegung, der obere und der untere gerade Muskel sowie die beiden schrägen Muskeln für die Vertikalbewegung des Auges sowie für die Rollbewegung. Mit Hilfe dieser Muskeln kann das Auge so bewegt werden, dass unabhängig von der Blickrichtung und der Entfernung des betrachteten Gegenstandes dessen Bild auf der Netzhaut des Auges entsteht.

Welche der nachstehenden Aussagen ist gemäß diesem Text nicht korrekt?

(A) Sechs Augenmuskeln sind für die Bewegung des Auges verantwortlich.
(B) Die Rechts-Links-Bewegung des Auges wird von den beiden geraden Augenmuskeln gesteuert.
(C) Bei allen von den Augenmuskeln gesteuerten Bewegungen des Auges rotiert der Augapfel um einen Drehpunkt, der etwas hinter seiner Mitte liegt.
(D) Das Rollen des Auges wird durch die gemeinsame Tätigkeit von geraden und schrägen Augenmuskeln bewirkt.
(E) Die Dreh- und Rollbewegungen des Auges finden alle um einen Drehpunkt statt, der etwas hinter der Mitte des Augapfels liegt.

30)
Bei vielen Süßigkeiten, Getränken oder auch Milchprodukten wird heute zwecks Erzeugung sog. Light-Produkte der Zucker durch Ersatzstoffe ersetzt. Dieser Ersatz ist nicht unproblematisch, da einige Süßstoffe, z. B. Saccharin, im menschlichen Körper nicht abgebaut werden können, während andere, z. B. Aspartam, nach längerer Lagerung Allergien auslösen können. Darüber hinaus enthält Aspartam die Aminosäure Phenylalanin, die fast eine Million Deutsche infolge eines - häufiger nicht bekannten - Gendefektes nicht abbauen können. Der Verzehr dieser Light-Produkte kann somit zu einer Phenylketonurie führen, einer Konzentration von Phenylketonen im Urin, die verbunden ist mit Magen- und Darmbeschwerden, Kopfschmerzen, Stimmungsschwankungen und Schwindelanfällen.

Welche der folgenden Aussagen lässt/lassen sich aus diesem Text heraus belegen?

(I)   Vom Genuss sog. Light-Produkte muss aus gesundheitlichen Gründen abgeraten werden.
(II) Aspartam kann Allergien auslösen.
(III) Da Saccharin vom menschlichen Organismus nicht abgebaut werden kann, reichert es sich bei fortlaufendem Verzehr im Körper immer mehr an.
(IV) Bei der Phenylketonurie handelt es sich um eine auf einen genetischen Defekt zurückzuführende Enzymstörung.

(A)   Nur die Aussage I trifft zu.
(B)   Nur die Aussage II trifft zu.
(C)   Nur die Aussagen I und II treffen zu.
(D)   Die Aussagen I, II und IV treffen zu.

31)
Die beiden weiblichen Keimdrüsen, die Eierstöcke oder Ovarien, liegen im Unterleib zu beiden Seiten der Gebärmutter, mit der sie durch die beiden, etwa 15 cm langen Eileiter verbunden sind. Die beiden Eierstöcke sind nicht nur unentbehrlich für die Fortpflanzung, sie sind auch von großer Bedeutung für die Hormonproduktion im weiblichen Körper; in ihnen erfolgt die Produktion der weiblichen Geschlechtshormone, der Östrogene und Gestagene. Sämtliche Eizellen sind bereits bei der Geburt in den Eierstöcken des weiblichen Kleinkindes angelegt, reifen jedoch erst mit Beginn der Fertilität heran. Die Reifung erfolgt dabei in der Regel in jedem Monatszyklus abwechselnd in dem einen oder anderen Eierstock. Infolge von Fehlregulierungen im Hormonhaushalt kann es dennoch zur gleichzeitigen Reifung und Freisetzung mehrerer Eier und damit zu einer Mehrlingsschwangerschaft kommen.

Welche der folgenden Aussagen ist aus dem vorliegenden Text **nicht** ableitbar?

(I) Die Reifung der Eizellen in einem bestimmten Eileiter erfolgt i. allg. in zweimonatlichen Abständen.
(II) Eine Mehrlingsschwangerschaft ist immer die Folge einer Hormonstörung, die bewirkt, dass beide Eierstöcke gleichzeitig ein Ei heranreifen lassen und freisetzen.
(III) In den Eierstöcken erfolgt die Produktion der weiblichen Geschlechtshormone (Östrogene, Gestagene, Testosterone).

(A) Nur Aussage I ist nicht ableitbar.
(B) Nur Aussage II ist nicht ableitbar.
(C) Nur Aussage III ist nicht ableitbar.
(D) Nur die Aussagen II und III sind nicht ableitbar.
(E) Alle Aussagen sind nicht ableitbar.

32)
Cytostatika sind Stoffe, die das Zellwachstum und insbesondere die Zellteilung hemmen. Eine besonders starke Wirkung haben sie daher auf schnellwachsende Zellen, v.a. auf Zellen des blutbildenden Systems und des Immunsystems. Ihre therapeutischen Einsatzmöglichkeiten liegen darin begründet, dass auch Tumorzellen zu den schnellwachsenden Zellen gehören. Dennoch scheitert ihr Einsatz insbesondere bei Tumoren der Ausscheidungsorgane wie Niere, Leber, Bauchspeicheldrüse oder Darm nach längerer Behandlungszeit häufig an einer zunehmenden Resistenz der Tumorzellen. Diese Resistenz beruht auf der verstärkten Bildung des sog. P-Glykoproteins in den behandelten Zellen, ein zelluläres Transportmolekül, das viele natürliche Gifte aus den Zellen wieder hinausschleust, um die Zellen vor Schäden zu bewahren. Die Zellen der Ausscheidungsorgane reagieren auf höhere Konzentrationen an Umweltgiften, zu denen auch die meisten Cytostatika gehören, mit der verstärkten Bildung solcher Transportmoleküle. Dies erklärt, weshalb besonders Tumore der Ausscheidungsorgane so schlecht auf Cytostatika ansprechen. Die Resistenz von Nierenkrebszellen lässt sich allerdings mit Hilfe anderer Medikamente abschwächen.

Welche der folgenden Aussagen ist gemäß dem vorstehenden Text **nicht** ableitbar?

(A) Cytostatika hemmen das Wachstum von Zellen.
(B) P-Glykoprotein kann Cytostatika und andere Umweltgifte aus betroffenen Zellen hinausschleusen.
(C) Tumorzellen entwickeln häufig eine Resistenz gegen Cytostatika.
(D) Cytostatika reagieren auf Tumore des blutbildenden Systems besser als auf Tumore der Ausscheidungsorgane.
(E) Einige Medikamente sind in der Lage, die Resistenz von Nierenkrebszellen gegenüber Cytostatika abzuschwächen.

33)
Einfallende Lichtstrahlen werden im Auge mehrmals gebrochen, erstmals, wenn sie die Hornhaut durchdringen. Die Lichtstrahlen gehen danach durch das Kammerwasser der vorderen Augenkammer, durchlaufen dann die Linse und erreichen schließlich den Glaskörper. Beim Passieren der Linse müssen die Lichtstrahlen zwei der drei Augapfelhäute durchdringen, wobei sie jedes Mal gebrochen und so gebündelt werden. Auf die innerste Augapfelhaut, die Netzhaut, treffen sie nach dem Durchlaufen des Glaskörpers. Die Netzhaut trägt die eigentlichen Sehzellen, die das eintreffende Licht in Impulse umwandeln und diese über den Sehnerv dem Sehzentrum im Hinterhauptlappen des Großhirns zur weiteren Bearbeitung übermitteln. Die Netzhaut ist nur ca. 5 cm² groß, trägt jedoch etwa 130 Millionen lichtempfindliche Zellen. Von diesen sind etwa 7 Millionen sog. Zapfenzellen, die für die Farbwahrnehmung verantwortlich sind, und etwa 123 Millionen sog. Stäbchenzellen, die für das Hell-Dunkel-Sehen benötigt werden.

Welche der folgenden Aussagen lässt/lassen sich aus dem vorliegenden Text heraus belegen?

(I) Die Linse bündelt das einfallende Licht.
(II) Die mangelnde Fähigkeit des Auges, im Dunkeln Farben zu sehen, könnte darauf hinweisen, dass im Dunkeln nur noch die Stäbchen arbeiten.
(III) Die endgültige Auswertung der von den Sehzellen ausgehenden Impulse erfolgt in einem bestimmten Bereich des Großhirns.
(IV) Auf ihrem Weg durch das Auge passieren die Lichtstrahlen drei Häute.

(A) Nur die Aussage I und III sind korrekt.
(B) Nur die Aussagen I und IV sind korrekt.
(C) Nur die Aussagen I, III und IV sind korrekt.
(D) Nur die Aussagen II, III und IV sind korrekt.
(E) Alle Aussagen sind korrekt.

34)

Die Arthrose, eine krankhafte Veränderung der Gelenke, ist die häufigste Erkrankung des älteren Menschen. Sie befällt nahezu 50% aller Personen über 65 Jahren.
Gelenke sind Organe, die therapeutisch schwierig zu erreichen sind. Intravenöse und orale Verabreichung von Medikamenten mit arthrosehemmender Wirkung erreichen nur bedingt den Gelenkinnenraum arthrotisch veränderter Gelenke und erfordert eine systemische Behandlung des gesamten Körpers mit möglichen Nebenwirkungen an anderen Stellen. Obwohl intraartikuläre Injektionen einen direkten Zugang von Medikamenten in das Gelenk ermöglichen, haben viele dieser Substanzen hier nur eine kurze Halbwertzeit.
Die genannten Probleme können mittels gentechnologischer Verfahren umgangen werden, wenn es gelingt, die Gene der Gelenkinnenhautzellen (Synovialzellen) des arthrotischen Gelenkes für ein Protein zu kodieren, das antiarthrotische Eigenschaften aufweist. So könnte ein Gen in die Gelenkinnenhautzelle überführt werden, das den Code für eine Interleukin-1-Rezeptorantagonisten enthält. Das Hormon Interleukin-1 gilt heute neben mechanischen Faktoren als eine Ursache für die Entstehung einer Arthrose. Die gentechnisch behandelten Zellen wären in der Lage Interleukin-1 Rezeptorantagonisten zu produzieren und so dessen Anlagerung zu unterbinden.
(Q.: Düsseldorfer Uni-Zeitung 20 (1991), Nr.6, S. 20.)

Welche der nachstehenden Aussagen lässt sich aus dem vorliegenden Text **nicht** ableiten?

(A) Mechanische Faktoren sind eine wichtige Ursache für die Entstehung einer Arthrose.
(B) Ein Nachteil intraartikulärer Injektionen ist die kurze Halbwertszeit vieler Substanzen im Gelenk.
(C) Bei der intravenösen oder oralen Medikamentation arthrotischer Gelenke kommt es häufig zu Nebenwirkungen an anderen Stellen des Körpers.
(D) Interleukin-1-Rezeptorantagonisten unterbinden die Anlagerung von Interleukin-1 an eine Synovialzelle.
(E) Arthrotische Veränderungen der Gelenke liegen bei fast der Hälfte aller Personen über 65 Jahren vor.

35)

Das Endotoxin, das bislang am stärksten die Produktion von TNF (Tumor-Nekrose-Faktor, ein zu den Cytokinen gehöriges Molekül, das Tumore absterben lässt) anregt, sitzt in der Zellwand sog. gramnegativer Bakterien. Die Substanz, ein Lipopolysaccharid (LPS), setzt sich überwiegend aus Fett- und Zuckerbausteinen zusammen. Außerdem enthält sie Phosphatreste sowie weitere phosphorhaltige Verbindungen. Der Kernbereich des Endotoxins enthält verschiedene Zuckerbausteine; die sich daran anschließende sog. O-Kette besteht aus einer sich mehrfach wiederholenden Gruppe von Zuckerbausteinen. Die Fettbausteine, die sich am anderen Ende des Kernbereichs anschließen, werden zusammengenommen als Lipid A bezeichnet. Sie alleine sind für die Antitumor-Effekte des LPS verantwortlich.
LPS verursacht als Folge des von ihm angeregten Anstiegs der TNF-Produktion die Zerstörung von Tumoren durch Ausbluten (sog. hämorrhagische Nekrosen) und machen außerdem gegen weitere bakterielle Infekte und gegen eine sonst tödliche Dosis Röntgenstrahlen widerstandsfähig. In winzigen Mengen injiziert, erzeugen sie Fieber; höhere Dosen allerdings können Schock und Tod zur Folge haben.
(Q.: L.J.Old: Der Tumor-Nekrose-Faktor, in: Spektrum der Wissenschaft 7/1988, 42-45)

Welche der folgenden Aussagen ist/sind gemäß dem vorliegenden Text korrekt?

(I) Das Endotoxin LPS setzt sich aus drei Bereichen zusammen, Lipid A, Kernbereich und O-Kette.
(II) Die Eigenschaften des LPS werden allein vom Lipid A bestimmt.
(III) Die therapeutisch interessanten Antitumoreigenschaften von LPS beruhen auf dessen Eigenschaften, den Organismus zur Produktion von TNF und anderer Cytokine anzuregen.
(IV) Die Medikamentation mit LSP kann Strahlenschäden vorbeugen.

(A) Nur Aussage I ist korrekt.
(B) Nur Aussage II ist Korrekt.
(C) Nur die Aussagen I und IV sind korrekt.
(D) Nur die Aussagen II und IV sind korrekt.
(E) Nur die Aussagen I, III und IV sind korrekt.

36)
Die Freisetzung von Hormonen, welche die Ovulation und Menstruationen auslösen, werden vom Hypothalamus kontrolliert. Er stößt das Auslösehormon gonadotropin-freisetzendes Hormon (GnRH) aus, das die Hypophyse veranlasst, follikel-stimulierendes Hormon (FSH), welches das Wachstum des ovariellen Follikels (spezialisierte Zellen, die ein Ei umschließen) kontrolliert, und luteinisierendes Hormon (LH), das die Ovulation (den bei Zyklusmitte einsetzenden Eisprung) auslöst, freizusetzen. Während der ersten Zyklushälfte sondert der wachsende Follikel Östrogen ab. Dieses Hormon regelt die hormonelle Tätigkeit der Hypophyse und sorgt bei Zyklushalbzeit für einen Anstieg der LH-Konzentration, es stimuliert das Anschwellen der Brüste sowie die Verdickung der Gebärmutterschleimhaut. Möglicherweise wird auch die Tätigkeit des Hypothalamus von Östrogen beeinflusst. Der geplatzte Follikel wird zum Gelbkörper, der Progesteron freisetzt, welches die Blutgefäßversorgung der Gebärmutterschleimhaut fördert. Wird kein Ei befruchtet, fallen Östrogen- und Progesteronspiegel, und die Uterusschleimhaut wird abgestoßen (Menstruation). Die Hypothalamusfunktionen können durch Signale höherer Gehirnzentren beeinflusst werden.
(Q.: R.E.Fritsch: Fett, Fitness und Fruchtbarkeit, in: Spektrum der Wissenschaft 5/1988, S. 70.)

Welche der folgenden Aussagen ist/sind aus dem vorliegenden Text ableitbar?

(I) Wird FSH durch ein geeignetes Medikament gehemmt, unterbleibt das Wachstum des ovariellen Follikels.
(II) Eine Hemmung oder niedrige Konzentration von Östrogen kann evtl. die Ovulation verhindern.
(III) Der Menstruation geht ein Absinken der Östrogen- und Progesteronkonzentration voraus.
(IV) Die Tätigkeit der Hypophyse wird beeinflusst vom Hypothalamus, vom wachsenden Follikel und indirekt auch von höheren Gehirnzentren.

(A) Nur Aussage I ist ableitbar.
(B) Nur Aussage III ist ableitbar.
(C) Nur die Aussagen I und III sind ableitbar.
(D) Nur die Aussagen I, II und III sind ableitbar.
(E) Alle Aussagen sind ableitbar.

Bitte umblättern und sofort weiterarbeiten

37)
Die Lithotripsie, ein Verfahren, das ursprünglich zur Zertrümmerung von Nieren- und Gallen steinen entwickelt worden ist, kann auch zur Behandlung nicht heilender Knochenbrüche, sog. Pseudarthrosen oder Falschgelenke, genutzt werden. Hierunter versteht man die Erscheinung, das nach einer Fraktur die Härtung der Knochenmasse zwischen den Bruchenden in angemessener Frist, d.h. innerhalb von durchschnittlich acht Monaten ausbleibt. Bisher musste in solchen Fällen der Bruch operativ behandelt und die Knochenenden mit Metallplatten verschraubt werden. Die in einen sog. Lithotriptor außerhalb des Körpers des Patienten (extrakorporal) erzeugten Stoßwellen bilden Mikrorisse und winzige Blutungen im Knochen und stimulieren so deren Regeneration. Die Impulsstärke der Stoßwellen muss dabei genau geregelt werden, um schädliche Nebenwirkungen zu vermeiden. Bei exakter Steuerung lockern sich selbst vorhandene Metallverschraubungen nicht.

Welche der nachstehenden Aussagen sind gemäß den hier vorliegenden Informationen korrekt?

(I)   Als Lithotripsie bezeichnet man ein Verfahren, bei dem Nieren- und Gallensteine durch extrakorporale Stoßwellen behandelt werden.
(II) Die Impulsstärke der Stoßwellen muss sorgfältig gesteuert werden, um unerwünschte bzw. schädliche Nebenwirkungen zu vermeiden.
(III) Die Lithotripsie wird durch das Vorliegen von Metallverschraubungen nicht in ihren Anwendungsmöglichkeiten eingeschränkt.
(IV) Die regenerative Wirkung der Lithotripsie beruht auf dem durch die Stoßwellen im Knochen gebildeten Mikrorissen und- blutungen.

(A)   Nur die Aussagen I und IV sind korrekt.
(B)   Nur die Aussagen I, II und IV sind korrekt.
(C)   Nur die Aussagen I, III und IV sind korrekt.
(D)   Nur die Aussagen II, III und IV sind korrekt.
(E)   Alle Aussagen sind korrekt.

38)
Nervenimpulse werden über eine Synapse von einem Neutron zum nächsten übertragen. Zu diesem Zweck muss der synaptische Spalt von Neurotransmittern - chemische Überträgerstoffe, die geeignete Rezeptoren der Gegenseite besetzen – überbrückt werden. Gamma-Aminobuttersäure (GABA) ist ein Neurotransmitter, der die Hemmung vermittelt. Wirken kann GABA nur, wenn sie von ihren Rezeptoren auf der Gegenseite der Synapse gebunden wird. Bei den Rezeptoren handelt es sich um spezielle Moleküle ($GABA_A$ und $GABA_B$), die in die Membran des nachgeschalteten Neurons eingebettet sind. Beide binden GABA und verändern dadurch die Permeabilität, die Durchlässigkeit der Membran für Ionen. Im Falle des A-Rezeptors erhöht sich die Permeabilität für Chlorid-Ionen, im Falle des B-Rezeptors die für Kalium-Ionen. Der Effekt ist aber der gleiche: Die Potentialdifferenz zwischen innen und außen wird bei dem nachgeschalteten Neuron größer, so dass sich seine Erregungsschwelle erhöht und es weniger leicht ein Aktionspotential auslösen kann.
GABA produzierende Neuronen sind im Zentralnervensystem weit verbreitet. Fast jede größere Untereinheit in Gehirn und Rückenmark besitzt einige von ihnen. In vielen Regionen machen sie 20-40% aller Nervenzellen aus, und in einigen Gebieten stellen sie sogar die Mehrheit.
(Q.: D.I.Gottlieb: Nervenzellen mit GABA als Überträgerstoff, in: Spektrum der Wissenschaft 4/1988, S. 62-63.)

Welche der folgenden Aussagen ist aus dem vorliegenden Text **nicht** abzuleiten?

(A) GABA ist ein hemmender Neurotransmitter.
(B) Durch die Bindung von GABA an einen Rezeptor in der Membran des nachgeschalteten Neurons erhöht sich immer deren Permeabilität für Chlorid-Ionen.
(C) GABA-produzierende Neuronen machen in vielen Regionen des Zentralnervensystems 20-40% aller Nervenzellen aus.
(D) Erhöht sich die Potentialdifferenz an der Membran des nachgeschalteten Neurons, erhöht sich auch dessen Erregungsschwelle.
(E) Nach Verabreichung eines GABA-Blockers werden von GABA-produzierenden Neuronen keine Hemmungen mehr vermittelt.

39)
Neuronen treten über sog. Synapsen an den Nervenfaserenden miteinander in Kontakt. Man unterscheidet zwei Typen von Synapsen: die elektrischen und die chemischen.
Elektrische Synapsen stellen den Kontakt zwischen dem Cytoplasma von Neuronen her und ermöglichen damit einen direkten Ionenfluss zwischen ihnen. Diese Kopplung gleicht die elektrischen Potentiale der beteiligten Zellen aus und bringt sie damit auf ein ähnliches Empfindlichkeitsniveau. Elektrische Synapsen sind Zwei-Wege-Verbindungen.
Chemische Synapsen übertragen dagegen Informationen nur in eine Richtung. Ein Nervenimpuls löst die Abgabe einer Substanz aus den Nervenendigungen der präsynaptischen Zelle aus. Dieser sog. Neurotransmitter diffundiert zur postsynaptischen Zelle, besetzt dort spezifische Membranrezeptoren und ändert das Membranpotential. Chemische Synapsen können Erregung bewirken, indem ihre Transmitter die postsynaptische Zelle depolarisieren, so dass die Wahrscheinlichkeit, dass sie ein Aktionspotential auslöst, höher wird. Oder sie wirken hemmend, dann senken sie die Wahrscheinlichkeit für ein Aktionspotential. Die vielfältigen erregenden und hemmenden Eingänge, die ein Neuron erfährt, werden jeweils zu dem momentanen Membranpotential integriert; alle Eingänge bestimmen somit gemeinsam das Erregungsniveau einer Nervenzelle.
(Q.: Ch.M.Lenz/M.H.Dickenson: Neurobiologie des Fressverhaltens von Blutegeln, in: Spektrum der Wissenschaft 8/1988, S. 106.)

Welche der folgenden Aussagen ist/sind gemäß dem vorliegenden Text **nicht** korrekt?

(I) In einer chemischen Synapse bewirkt der ankommende Nervenimpuls die Ausschüttung eines Neurotransmitters aus den Nervenendigungen der präsynaptischen Zelle, der seinerseits eine Änderung des Membranpotentials der postsynaptischen Zelle auslöst.
(II) Wird die Ausschüttung von Neurotransmittern medikamentös (z.B. mit Atropin) blockiert, werden zwischen verschiedenen Neuronen keine Nervenimpulse mehr ausgetauscht. Der neuronale Informationsfluss kommt vollständig zum Erliegen.
(III) Das momentane Membranpotential einer Nervenzelle bestimmt das Erregungsniveau der Zelle.

(A) Nur Aussage I ist nicht korrekt.
(B) Nur Aussage II ist nicht korrekt.
(C) Nur Aussage III ist nicht korrekt.
(D) Nur die Aussagen I und II sind nicht korrekt.
(E) Nur die Aussagen II und III sind nicht korrekt.

Bitte umblättern und sofort weiterarbeiten

40)

Die Nervenzellen sämtlicher Tiere gleichen sich in ihren physiologischen Grundeigenschaften. Die Membranen der Neuronen sind elektrisch polarisiert: Negativ geladene Ionen innerhalb der Zelle halten das elektrische Potential zwischen innen und außen bei -50 bis -80 mV. Wenn positiv geladene Ionen in die Zelle strömen, wird die Membran depolarisiert. Sobald die Spannungsdifferenz zwischen innen und außen auf einen kritischen Betrag - der Schwellenwert – gefallen ist, entsteht ein elektrische Impuls: Die Zelle feuert. Dieses Aktionspotential wird rasch entlang eines Axons, eines langen Fortsatzes der Nervenzelle, weitergeleitet. Ein Impuls eines motorischen Neurons beispielsweise wandert vom Ganglion zu einem Muskel und lässt ihn kontrahieren, während Impulse von sensorischen Neuronen von der Peripherie kommend ins Zentralnervensystem wandern.
(Q.: Ch.M.Lenz/M.H.Dickenson: Neurobiologie des Fressverhaltens von Blutegeln, in: Spektrum der Wissenschaft 8/1988, S. 106.)

Welche der folgenden Aussagen ist/sind aus dem vorliegenden Text heraus ableitbar?

(I) Das elektrische Potential zwischen dem Innenraum einer Nervenzelle und dem Interzellularraum liegt bei -50 bis -80 mV.
(II) Impulse von motorischen Neuronen wandern vom Ganglion zu einem Muskel.
(III) Positiv geladene Ionen depolarisieren die Membranen der Neuronen, wenn sie in die Zelle strömen.
(IV) Aktionspotential wird der elektrische Impuls genannt, den eine Nervenzelle aussendet, wenn das Membranpotential auf den Schwellenwert gefallen ist, und der entlang des Axons weitergeleitet wird.

(A) Nur die Aussagen I und II sind ableitbar.
(B) Nur die Aussagen II und III sind ableitbar.
(C) Nur die Aussagen I, II und III sind ableitbar.
(D) Nur die Aussagen I, III und IV sind ableitbar.
(E) Alle Aussagen sind ableitbar.

41)

An dem peripheren, also dem Luftstrom zugewandten Teil der Riechschleimhaut in der Nase befinden sich die Strukturen, mit denen die Duftmoleküle in Kontakt treten. Überwiegend handelt es sich dabei um sog. Riechhärchen (Cilien), deren Länge in Anzahl art- und altersabhängig beträchtlich schwanken kann. Daneben kommen bei einigen Arten sog. Mikrovilli-Rezeptoren vor, deren Endigungen aus vielen kurzen Membranausstülpungen bestehen. Zwischen den Rezeptoren liegen Stützzellen ohne direkte Sinnesfunktion, ferner - in tieferen Lagen – Basalzellen, aus denen sich neue Rezeptoren bilden können, wenn diese durch Schädigungen verlorengehen. An der Basis der schlanken Riechzellen entspringt jeweils eine nackte Nervenfaser, ein sog. markloses Axon, das gebündelt mit anderen durch das Siebbein zum Riechkolben zieht und an dessen Oberfläche gemeinsam mit vielen hundert anderen in Riechknötchen endet. Diese Axonbündel bilden die Riechnerven. Dem fünften Hirnnerv hingegen, der die gesamte Nasenschleimhaut innerviert, schreibt man heute überwiegend eine Warnfunktion in Zusammenhang mit starken, schädigenden Reizen zu. Jedoch scheint er auch einige Geruchsempfindungen vermitteln zu können.
(Q.: H.P.Zippel: Die Entdeckung der Riechrezeptoren, in: Spektrum der Wissenschaft 10/1988, S. 121-122.)

Welche der im Folgenden genannten Aussagen ist gemäß dem vorliegenden Text **nicht** korrekt?

(A) Der fünfte Hirnnerv innerviert die gesamte Nasenschleimhaut.
(B) Cilien und Mikrovilli-Rezeptoren sind die beiden Typen von Geruchsrezeptoren.
(C) Basalzellen sind zwischen den Rezeptoren eingelagert.
(D) Zwischen der Riechschleimhaut und dem Riechkolben liegt das Siebbein.
(E) Die Stützzellen und der fünfte Hirnnerv haben bzgl. der Geruchsempfindungen keine direkte Sinnesfunktion.

42)
GABAerge Neuronen (Gamma-Aminosäure produzierende Neuronen) weisen hohe Konzentrationen an Glutaminsäure-Decarboxylase (GAD) auf. Das Enzym kommt zwar überall in der Nervenzelle vor, ist aber besonders in der synaptischen Endigung angereichert. In der Endigung befinden sich zahlreiche Vesikel, bläschenartige Strukturen, die GABA speichern und auf einen Nervenimpuls hin ausschütten. Außerdem verfügt die Membran im Bereich der Endigungen über molekulare Pumpsysteme, die freigesetzte GABA entfernen und so die Synapse für den nächsten einlaufenden Nervenimpuls wieder freimachen.

Anhand ihrer Gestalt unterteilt man die GABAergen Neuronen in drei Gruppen. Typ I besitzt zahlreiche Fortsätze, die sich aber nicht wie bei den meisten Nervenzellen eindeutig in Dendriten und Axone unterscheiden lassen. Stattdessen dient jeder Fortsatz als Empfänger wie auch als Übermittler von Botschaften. Bei Typ II und Typ III lassen sich dagegen Dendriten, die nur Informationen empfangen, und Axone die nur Informationen übermitteln können, klar unterscheiden. Sämtliche Neuronen von Typ II übermitteln Informationen an andere Neuronen innerhalb der sie umgebenden grauen Substanz des Gehirns. Die Anzahl der Neuronen, die auf sie verschaltet sind, kann jedoch stark variieren, es können bis zu 10.000 Zellen sein. Die Typ-III-Neuronen werden als Projektionsneuronen bezeichnet, weil ihre Axone die graue Substanz verlassen und in die weiße Substanz hineinziehen, die hauptsächlich aus Nervenfaserbündeln besteht. Sie hemmen Nervenzellen in entfernten Hirngebieten.
(Q.: D.I.Gottlieb: Nervenzellen mit GABA als Überträgerstoff, in: Spektrum der Wissenschaft 4/1988, S. 62-63.)

Welche der folgenden Aussagen ist gemäß dem vorliegenden Text korrekt?

(A) GABAerge Neuronen vom Typ I unterscheiden sich von anderen Typen dadurch, dass alle ihre Fortsätze sowohl Informationen übermitteln als auch empfangen können.
(B) Bei einem Ausfall der molekulären Pumpsysteme im Bereich der synaptischen Endigung steigt hier die Konzentration von GABA so stark an, dass die Vesikel beim Einlaufen eines Nervenimpulses kein GABA mehr ausschütten.
(C) GABAerge Neuronen, die mit bis zu 10.000 anderen Neuronen Synapsen ausbilden können, werden als Typ-II-Neuronen bezeichnet.
(D) GABAerge Neuronen vom Typ II und III sind die einzigen Neuronen, die über Axone verfügen.
(E) Glutaminsäure-Decarboxylase ist v.a. in der synaptischen Endigung angereichert, wo es für die Bildung von GABA sorgt.

43)

Ionisierende Strahlungen haben vielfältige chemische und biologische Wirkungen auf Zellen und Organismen. Sie können von der Veränderung einzelner Moleküle über das Absterben einzelner Zellen bis zur Schädigung ganzer Zellkomplexe reichen. Dabei hängt die Wahrscheinlichkeit für das Auftreten eines klinischen Symptoms (genetischer Schaden, Krebs, Leukämie), das sog. Strahlenrisiko, von der Höhe der aufgenommenen Strahlendosis, der Art der Strahlung, von der Art des betroffenen Gewebes und vom Alter zum Zeitpunkt der Bestrahlung ab. Diese Faktoren werden durch Angabe der effektiven Äquivalentdosis berücksichtigt.

Welche der folgenden Aussagen ist aus dem Vorstehenden **nicht** ableitbar?

(A) Die Schwere einer durch Strahlenschäden bedingten Erkrankung hängt ab von der Höhe der effektiven Äquivalentdosis.
(B) Die Empfindlichkeit verschiedener Gewebe gegenüber ionisierender Strahlung ist unterschiedlich.
(C) Das Strahlenrisiko gibt die Wahrscheinlichkeit des Auftretens eines Strahlenschadens an.
(D) Die biologische Wirksamkeit verschiedener Strahlenarten ist unterschiedlich.
(E) Das Strahlenrisiko ist - bei gleicher effektiven Äquivalentdosis - unabhängig davon, ob die Strahlenquelle sich innerhalb oder außerhalb des Organismus befindet.

44)

Chlorid ist - wie das positiv geladene Natrium - außerhalb der Zelle höher konzentriert als innerhalb, jedoch negativ geladen. Der Potentialgradient (das Ladungsgefälle zwischen dem negativ geladenen Zellinnern und der Umgebung) bewirkt, dass Chlorid während des Ruhezustandes nicht in das Zellinnere gelangt. Konzentrations- und Potentialgefälle gleichen einander aus, so dass nichts geschieht, wenn eine sog. stille inhibitorische Synapse die Chloridkanäle öffnet. Tatsächlich wird das Chloridgleichgewicht nicht neu eingestellt und das Ruhepotential nicht verändert. Wenn nun eine stille hemmende Synapse zugleich mit einer erregenden aktiviert wird, depolarisiert der plötzliche Einstrom von positiv geladenem Natrium die Zelle und zerstört das Gleichgewicht der beiden Gradienten. Dadurch wirkt der Potentialgradient weniger blockierend, während nun der Konzentrationsgradient überwiegt, so dass Chlorid-Ionen vermehrt in die Zelle einströmen.
Wenn ein hemmendes (inhibitorisches) Signal nicht mit einem erregenden (exzitatorischen) Signal zusammentrifft, erfolgt keine Änderung des Membranpotentials - daher die Bezeichnung stille Hemmung. Sie muss durch Erregung aktiviert werden.
(Q.: T.Peggio/C.Koch: Wie Synapsen Bewegung verrechnen, in: Spektrum der Wissenschaft 7/1987, S. 82.)

Welche der folgenden Aussagen ist/sind aus dem vorstehenden Text ableitbar?

(I) Eine stille inhibitorische Synapse übermittelt durch Öffnung der Chloridkanäle ein hemmendes Signal.
(II) Im Normalfall befinden sich Konzentrations- und Potentialgefälle bzgl. der Chlorid-Ionen im Gleichgewicht.
(III) Wenn eine stille Hemmung erfolgen soll, müssen gleichzeitig ein hemmendes und ein erregendes Signal bei der Zelle eintreffen.
(IV) Steigt bei geöffneten Chloridkanälen die Natriumkonzentration in der Zelle, dann wird die Zelle versuchen, durch die Aufnahme von Chlorid-Ionen das gestörte Gleichgewicht zwischen dem Konzentrations- und dem Potentialgradienten wieder herzustellen.

(A) Nur Aussage I ist ableitbar.
(B) Nur Aussage II ist ableitbar.
(C) Nur die Aussagen II und IV sind ableitbar.
(D) Nur die Aussagen I, II und III sind ableitbar.
(E) Alle Aussagen sind ableitbar.

45)
Bei der immunologischen Krebstherapie verwendet man bestimmte Antikörper, sog. Immuntoxine, die charakteristische Oberflächenstrukturen bestimmter Krebszellen erkenne können und mit einem toxischen Molekül verknüpft sind. Nach der Anlagerung an eine Krebszelle schleusen diese Antikörper das Toxin in die Zelle ein und töten sie ab. Zu ihnen gehören die sog. bispezifischen Antikörper, Antikörper mit zwei Rezeptoren, von denen einer mit einer Krebszelle reagiert, während sich der andere an eine körpereigene Abwehrzelle, etwa eine Fress- oder Killerzelle bindet. Durch den Kontakt mit dem Antikörper werden die Abwehrzellen aktiviert und schütten Toxine aus, die diese Krebszelle und andere in der unmittelbaren Umgebung des Zellkomplexes töten. Die Wirksamkeit dieser Antikörper erhöht sich, wenn die Patienten zuvor bestrahlt und/oder chemotherapeutisch behandelt werden. Drei Viertel der so behandelten Patienten waren noch zwei Jahre danach tumorfrei.

Welche der nachstehenden Aussagen ist/sind aus dem vorliegenden Text heraus **nicht** zu belegen?

(I) Antikörper, die charakteristische Oberflächenstrukturen bestimmter Krebszellen erkennen und diese mit einem mit ihnen verknüpften toxischen Molekül abtöten können, werden Immuntoxine genannt.
(II) Die sog. bispezifischen Antikörper sind eine spezielle Art von Immuntoxinen.
(III) Bispezifische Antikörper sind theoretisch von größerer Wirksamkeit als normale Immuntoxine, das sie nicht nur die Krebszellen töten, an die sie sich anlagern, sondern auch Krebszellen in der unmittelbaren Umgebung des Zellkomplexes töten.
(IV) Nur bei drei Vierteln der Patienten, die mit bispezifischen Antikörpern behandelt worden waren, bildeten sich die Krebszellen zurück.

(A) Nur Aussage I ist nicht belegbar.
(B) Nur Aussage III ist nicht belegbar.
(C) Nur Aussage IV ist nicht belegbar.
(D) Nur die Aussage II und III sind nicht belegbar.
(E) Nur die Aussagen III und IV sind nicht belegbar.

Bitte umblättern und sofort weiterarbeiten

46)

Das Geschlecht des Menschen wird von den Geschlechtschromosomen bestimmt, wobei Frauen zwei X-Chromosomen, Männer ein X- und ein Y-Chromosom besitzen. Liegen auf einem X-Chromosom Defekte in einem oder mehreren Genen vor, so führt dies in der Regel nur bei den männlichen Nachkommen eines Elternpaares zu krankhaften Veränderungen, da hier die aus dem Defekt resultierenden Stoffwechselstörungen nicht wie bei den weiblichen Nachkommen durch die Arbeit der intakten Gene des zweiten X-Chromosoms kompensiert werden können. Daher spricht man auch von geschlechtsgebundenen Erbkrankheiten. Ein prominentes Beispiel ist die Bluterkrankheit.

Welche der nachstehenden Aussagen sind gemäß den vorstehenden Informationen korrekt?

(I) Bei einer Frau mit einem defekten Gen auf einem X-Chromosom werden, wenn der Vater gesund war, im statistischen Durchschnitt 50% der Söhne an der entsprechenden Krankheit erkranken.

(II) Bei einer Frau mit einem defekten Gen auf einem X-Chromosom, werden im statistischen Durchschnitt 50% der Söhne **und** 50% der Töchter an der entsprechenden Krankheit erkranken.

(III) Alle Söhne eines Bluters werden an der Bluterkrankheit erkranken.

(IV) Frauen können an geschlechtsgebundenen Erbkrankheiten, die auf Defekte des X-Chromosoms beruhen, nicht erkranken.

(A) Nur die Aussagen I und II sind korrekt.
(B) Nur die Aussagen I und III sind korrekt.
(C) Nur die Aussagen II und IV sind korrekt.
(D) Nur die Aussagen I, II und III sind korrekt.
(E) Nur die Aussagen I, III und IV sind korrekt.

47)

Die verschiedenen Komponenten des Immunsystems sind in hohem Gerade voneinander abhängig; dennoch kann man die T4-Zellen als Dreh- und Angelpunkt der Abwehr bezeichnen: Sie erkennt fremde Antigene (Oberflächenstrukturen) auf infizierten Zellen und hilft bei der Aktivierung der B-Lymphocyten. Diese vermehren sich daraufhin und bilden spezifische Antikörper, die entsprechende Antigene auf infizierten Zellen oder frei im Organismus vorkommenden Mikroorganismen erkennen, sich daran heften und sie inaktivieren oder ihre Zerstörung einleiten. Außerdem dirigiert die T4-Zelle die zellvermittelten Immunreaktionen: das Zerstören infizierter Zellen durch cytotoxische Zellen und sog. natürliche Killerzellen. T4-Zellen beeinflussen des Weiteren die Aktivität vom Monocyten und Makrophagen, die infizierte Zellen und Fremdkörper verschlingen.

Der Verlust von T4-Zellen beeinträchtigt mithin die Abwehrfähigkeit des Körpers gegenüber Viren, Pilzen, Parasiten und bestimmten Bakterien, da die Überwältigung dieser Organismen eine starke, gut koordinierte zelluläre Immunantwort erfordert. Andere Mikroorganismen, einschließlich vieler Arten von Bakterien, werden dagegen überwiegend durch den sog. humoralen - auf Antikörperbildung beruhenden - Teil der Immunantwort zerstört - ohne Mitwirkung von T-Zellen. Daher sind bakterielle Infektionen eine geringere Bedrohung für Personen mit einer eingeschränkten Zahl von T4-Zellen.

(Q.: R.R.Redfield/D.S.Burke: Das klinische Bild der HIV-Infektion, in: Spektrum der Wissenschaft, 12/1988, S.100.)

Das HIV-Virus infiziert und zerstört nach und nach die T4-Zellen. Welche der im Folgenden genannten Auswirkungen einer HIV-Infektion ist/sind daher gemäß dem vorliegenden Text zu erwarten?

(I) Bisher eher unbedenkliche Erkrankungen, z.B. eine Virusgrippe, können nach einer HIV-Infektion u.U. lebensbedrohende Ausmaße annehmen.
(II) In Abhängigkeit von der Zahl der noch vorhandenen T4-Zellen kann sich die zelluläre Immunantwort z.B. auf eine Pilzinfektion verzögern oder ausbleiben.
(III) Die Aktivierung der B-Lymphocyten unterbleibt, so dass keine spezifischer Antikörper gegen infizierte Zellen und Mikroorganismen gebildet werden.

(A) Nur Auswirkung I ist zu erwarten.
(B) Nur Auswirkung II ist zu erwarten.
(C) Nur Auswirkung III ist zu erwarten.
(D) Nur die Auswirkungen I und II sind zu erwarten.
(E) Alle Auswirkungen sind zu erwarten.

48)
Durch die Angabe einer Dosis versucht man die Wahrscheinlichkeit der biologischen Wirkung einer Strahlung anzugeben. Je nach Bezugsebene verwendet man allerdings verschiedene Dosisbegriffe. Die Ionendosis gibt die Zahl der von der Strahlung ionisierten Atome in einem bestimmten Luftvolumen an, die Energiedosis den Betrag der auf die Gewebemenge bezogenen von ihr freigesetzten Energie, die Äquivalentdosis die Menge der im Gewebe freigesetzten Energie unter Berücksichtigung der biologischen Wirkung der betreffenden ionisierenden Strahlenart und die effektive Äquivalentdosis die Menge der im Gewebe freigesetzten Energie unter Berücksichtigung sowohl der biologischen Wirkung der betreffenden Strahlenart als auch der Strahlenempfindlichkeit des betroffenen Organs.

Welche der folgenden Aussagen ist aus dem Vorstehenden **nicht** ableitbar?

(I) Die Dimension (Einheit) der Energiedosis lautet Energie pro Masseneinheit (z.B. Joule pro Gramm).
(II) Bei gleicher Energiedosis können verschiedene Strahlungsarten durchaus unterschiedliche Äquivalentdosen haben, d.h. unterschiedliche biologische Wirkungen entfalten.
(III) Die Angabe der Ionendosis gibt keine exakte Auskunft über die biologische Wirkung einer Strahlung.
(IV) Sowohl die Ionendosis als auch die Energiedosis geben keine Auskunft über die biologischen Effekte einer Strahleneinwirkung.

(A) Nur Aussage I ist nicht ableitbar.
(B) Nur Aussage II ist nicht ableitbar.
(C) Nur Aussage III ist nicht ableitbar.
(D) Nur Aussage IV ist nicht ableitbar.
(E) Keine der Aussagen ist nicht ableitbar.

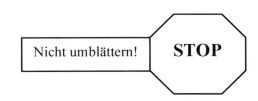

Schlauchfiguren   **Bearbeitungszeit: 15 Minuten**

Die folgenden Aufgaben prüfen Ihr räumliches Vorstellungsvermögen. Jede der Aufgaben besteht aus zwei Abbildungen eines durchsichtigen Würfels, in dem sich ein oder zwei Kabel befinden. Die erste Abbildung (links) zeigt Ihnen stets die Vorderansicht (Frontansicht) des Würfels; auf dem rechten Bild daneben ist derselbe Würfel noch einmal abgebildet; Sie sollen herausfinden, ob von rechts (r), links (l), unten (u), oben (o) oder hinten (h).

Beispielaufgabe:

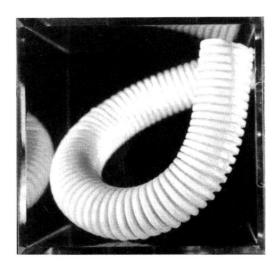

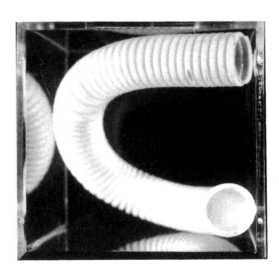

(A) : r
(B) : l
(C) : u
(D) : o
(E) : h

Hier sehen Sie den Würfel von <u>vorne</u>!   Hier sehen Sie den Würfel von ___?

Auf dem rechten Bild sehen Sie den Würfel von <u>oben</u>; Sie müßten auf Ihrem Antwortbogen unter der entsprechenden Aufgabennummer (D) markieren.

49)

(A) : r
(B) : l
(C) : u
(D) : o
(E) : h

50)

(A) : r
(B) : l
(C) : u
(D) : o
(E) : h

51)

(A) : r
(B) : l
(C) : u
(D) : o
(E) : h

Bitte umblättern und sofort weiterarbeiten

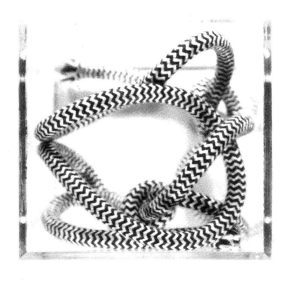

52)

(A) : r
(B) : l
(C) : u
(D) : o
(E) : h

53)

(A) : r
(B) : l
(C) : u
(D) : o
(E) : h

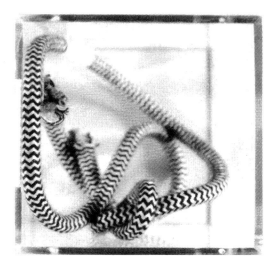

54)

(A) : r
(B) : l
(C) : u
(D) : o
(E) : h

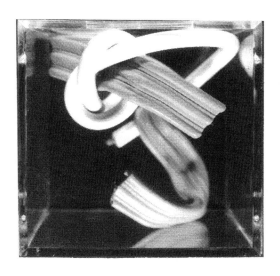

55)

(A) : r
(B) : l
(C) : u
(D) : o
(E) : h

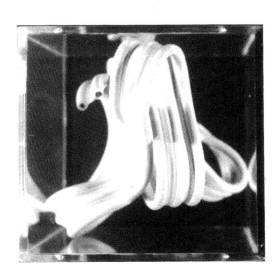

56)

(A) : r
(B) : l
(C) : u
(D) : o
(E) : h

57)

(A) : r
(B) : l
(C) : u
(D) : o
(E) : h

Bitte umblättern und sofort weiterarbeiten

58)

(A) : r
(B) : l
(C) : u
(D) : o
(E) : h

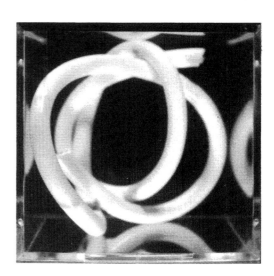

59)

(A) : r
(B) : l
(C) : u
(D) : o
(E) : h

60)

(A) : r
(B) : l
(C) : u
(D) : o
(E) : h

61)

(A) : r
(B) : l
(C) : u
(D) : o
(E) : h

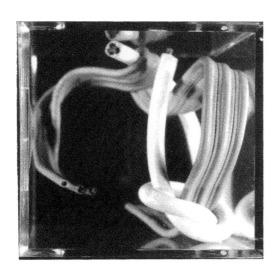

62)

(A) : r
(B) : l
(C) : u
(D) : o
(E) : h

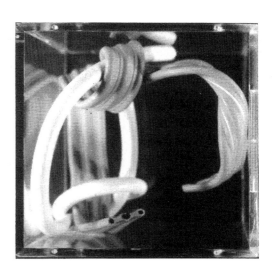

63)

(A) : r
(B) : l
(C) : u
(D) : o
(E) : h

Bitte umblättern und sofort weiterarbeiten

64)

(A) : r
(B) : l
(C) : u
(D) : o
(E) : h

65)

(A) : r
(B) : l
(C) : u
(D) : o
(E) : h

66)

(A) : r
(B) : l
(C) : u
(D) : o
(E) : h

67)

(A) : r
(B) : l
(C) : u
(D) : o
(E) : h

68)

(A) : r
(B) : l
(C) : u
(D) : o
(E) : h

69)

(A) : r
(B) : l
(C) : u
(D) : o
(E) : h

Bitte umblättern und sofort weiterarbeiten

70)

(A) : r
(B) : l
(C) : u
(D) : o
(E) : h

71)

(A) : r
(B) : l
(C) : u
(D) : o
(E) : h

72)

(A) : r
(B) : l
(C) : u
(D) : o
(E) : h

Nicht umblättern! Warten Sie auf das Zeichen des Testleiters!

STOP

TMS-GENERALPROBE
Testsimulation unter Originalbedingungen
zum Test für medizinische Studiengänge

Nutzen auch Sie Ihre Chance bisher Erlerntes wie Lösungsstrategien, Bearbeitungstechniken, Entspannungsübungen, Verhaltensstrategien und Ihren aktuellen Leistungsstand wenige Tage vor dem Originaltest in einer bisher unveröffentlichten Testversion unter ähnlichen Bedingungen wie bei der original Testabnahme (d.h. Umfang, Schwierigkeitsgrad, Teilnehmerzahl, organisatorischer Ablauf werden möglichst orinialgetreu simuliert) zu erproben.

Diese Generalprobe gibt Ihnen letzte Kontrolle Ihres Leistungsstandes sowie Testsicherheit.

Generalproben werden auch von der Testveranstalterin empfohlen!

Meditrain
Zentralstelle für Testtraining des IFT
Institut für Testforschung

www.ems-eignungstest.ch

Quantitative und formale Probleme

Bearbeitungszeit: 60 Minuten

> Die nun folgenden Aufgaben prüfen Ihre Fähigkeit, im Rahmen medizinischer und naturwissenschaftlicher Fragestellungen mit Zahlen, Größen, Einheiten und Formeln richtig umzugehen.
>
> Markieren Sie für jede Aufgabe auf dem Antwortbogen die im Sinne der Fragestellung richtige Antwort.

73)
Zu 1000 ml einer Kochsalzlösung unbekannter Konzentration wurden 200 ml einer 7,5%igen Kochsalzlösung gegeben. Als Ergebnis lag eine 10%ige Kochsalzlösung vor.

Wie hoch war die Konzentration der Ausgangslösung?

(A) 8,0%
(B) 9,5%
(C) 10,0%
(D) 10,5%
(E) 12,0%

74)
Wasserkraftwerke erzeugen Elektrizität unter Ausnutzung eines bestimmten Wassergefälles, der sog. Fallhöhe. Die potentielle Energie E des Wassers ergibt sich als Produkt aus der Fallhöhe h, der Gravitationskraft g und der Masse m des durchströmenden Wassers.

Wieviel Liter Wasser werden benötigt, um eine Kilowattstunde an elektrischer Energie zu erzeugen, wenn ein Wirkungsgrad von 100% angenommen wird und die Fallhöhe 500 m beträgt?

($g = 9,8$ m/s^2; Umrechnungsformeln: $1\,W = 1\,N \cdot m/s$ und $1\,N = 1\,kg \cdot m/s^2$)

(A) ca. 666 l
(B) ca. 735 l
(C) ca. 775 l
(D) ca. 800 l
(E) ca. 888 l

75)

Zu Bestrahlungszwecken werden in vielen Krankenhäusern häufig radioaktive Präparate eingesetzt. Ein bestimmtes radioaktives Element hat eine Halbwertzeit von exakt 5 Stunden.

Wie lange dauert es, bis die Aktivität einer beliebigen Menge dieses Präparates auf weniger als 1/1600 des Ausgangsniveaus zurückgegangen ist?

(A) ca. 40 Stunden
(B) ca. 48 Stunden
(C) ca. 50 Stunden
(D) ca. 55 Stunden
(E) ca. 58 Stunden

76)

Zur Ortsbestimmung hat die neuzeitliche Geographie die gesamte Erde mit einem Gitternetz überzogen, in dem sich Längen- und Breitengrade rechtwinklig kreuzen. Jeder Ort auf der Erdoberfläche kann so durch die Angabe seiner geographischen Länge und seiner geographischen Breite punktgenau bestimmt werden. Die geographischen Koordinaten von Entenhausen lauten 5 Grad West / 30 Grad Nord, die von Quakendamm 45 Grad Ost / 40 Grad Nord.

Wie weit sind beide Städte voneinander entfernt, wenn Sie berücksichtigen, daß hier im Durchschnitt die Längengrade jeweils 56,5 km und die Breitengrade jeweils 101 km auseinanderliegen?

Tip: Wenden Sie den Satz des Pythagoras ($a^2 + b^2 = c^2$) an!

(A) ca. 2600 km
(B) ca. 2800 km
(C) ca. 3000 km
(D) ca. 3300 km
(E) ca. 3500 km

77)

Gegeben ist folgende Wertetabelle:

x	0	$\frac{1}{2}$	1	2	3	4
y	1	$\frac{4}{5}$	$\frac{1}{2}$	$\frac{1}{5}$	$\frac{1}{10}$	$\frac{1}{17}$

Welche der nachstehenden Funktionen wird durch diese Wertetabelle repräsentiert?

(A) $y = 1 / (x^2 + 1)$
(B) $y = 1 / (4x + 1)$
(C) $y = (x^3 + 3) / 3$
(D) $y = 1 / x^2 + 1$
(E) $y = 4 / (x + 4)$

78)

In einem französischen Garten umschließt eine Hecke einen kleinen Park von 80 m Länge und 40 m Breite. Ein neben der Hecke verlaufender Weg umrahmt den gesamten Park. Drei weitere, gleich breite, parallel zur Breitseite verlaufende Wege und ein in Längsrichtung verlaufender Weg unterteilen den Park in insgesamt acht gleich große, quadratische Rasenstücke. Alle Wege sind 1 m breit.

Wieviel Prozent des Parkes werden von den Wegen bedeckt?

(A)   13,12 %
(B)   13,28 %
(C)   13,50 %
(D)   13,75 %
(E)   13,85 %

79)

In einem zahntechnischen Labor sind vier Angestellte mit der Anfertigung kieferorthopädischer Prothesen beschäftigt. In einer Woche mit fünf Arbeitstagen können sie im Durchschnitt 75 kieferorthopädische Prothesen anfertigen.

Wieviele Prothesen schafft das Labor in einer Woche, in der vom zweiten bis einschließlich vierten Tag eine Mitarbeiterin krankheitsbedingt ausfällt und am vierten Tag zwei neue Fachkräfte ihre Tätigkeit aufnehmen?

(A) 75,00 Stück
(B) 78,75 Stück
(C) 79,50 Stück
(D) 80,00 Stück
(E) 81,25 Stück

80)

In dem bereits bekannten zahntechnischen Labor benötigten vier Arbeitskräfte für 75 kieferorthopädische Prothesen im Durchschnitt fünf Arbeitstage à jeweils acht Stunden.

Wie schnell kann diese Arbeit erledigt werden, wenn am Wochenanfang zwei neue Fachkräfte eingestellt worden sind?

(A) 240 h
(B) 112 h 30 min
(C) 108 h 15 min
(D) 106 h 40 min
(E) 103 h 20 min

81)

Ein Personenzug fährt von einem Bahnhof in Köln mit einer Durchschnittsgeschwindigkeit von 50 km/h in Richtung Aachen. Eine halbe Stunde später folgt ihm ein Schnellzug auf der gleichen Strecke mit einer Durchschnittsgeschwindigkeit von 125 km/h.

Nach wieviel Kilometern hat der Schnellzug den Personenzug eingeholt?

(A) nach 35,6 km
(B) nach 41,7 km
(C) nach 45,4 km
(D) nach 48,2 km
(E) nach 50,0 km

Bitte umblättern und sofort weiterarbeiten

82)

Der Wärmestrom P, der durch ein Bauteil fließt, ergibt sich als Quotient aus der Wärme Q und der Zeit t. Die Wärme wiederum läßt sich ermitteln als Produkt aus dem Wärmedurchgangskoeffizienten k, der Fläche A des Baukörpers, der Differenz ΔT der Temperaturen vor und hinter dem Bauteil und der Zeit t.

Welcher Wärmestrom fließt durch eine 25 m² große Außenwand eines Hauses, deren Wärmedurchgangskoeffizient 0,8 W/m²·K beträgt, wenn die Innentemperatur 21⁰C und die Außentemperatur winterliche -19⁰C beträgt?

Beachte: 0⁰C = 273K, 1 Celsiusgrad = 1 Kelvingrad.

(A) 600 W
(B) 750 W
(C) 800 W
(D) 900 W
(E) 1000 W

83)

Das Steuerrecht eröffnet vielen Steuerzahlern die Möglichkeit, Anschaffungen über die Einkommensteuer abzuschreiben. Entscheidend ist dabei der Abschreibungsprozentsatz, der bei einer degressiven Abschreibung jährlich vom jeweiligen Buchwert des erworbenen Objektes abgezogen wird.

Welchen Buchwert W_B hat ein für den Anschaffungswert W_A = 100.000 DM erworbenes Objekt bei einem Abschreibungsprozentsatz p = 10% nach t = 5 Jahren, wenn gilt:

$W_B = W_A (1 - p/100\%)^t$

(A) 59.049 DM
(B) 61.116 DM
(C) 65.610 DM
(D) 66.666 DM
(E) 72.900 DM

84)

Der Verkaufspreis für ein bestimmtes Medikament beträgt 86,- DM. Darin enthalten sind 14% Mehrwertsteuer.

Wieviel DM entfallen auf die Mehrwertsteuer?

(A) 10,56 DM
(B) 10,98 DM
(C) 11,86 DM
(D) 12,04 DM
(E) 14,00 DM

85)

Der Harn von Herculia degenera, einer in der Kalahari beheimateten Nagetierart, enthält in der Trockenperiode pro Milliliter $5 \cdot 10^{-5}$ g Harnstoff, $3,5 \cdot 10^{-6}$ g Harnsäure und $6,25 \cdot 10^{-7}$ g verschiedener Ammoniumverbindungen.

In welchem Zahlenverhältnis stehen Harnstoff, Harnsäure und Ammoniumverbindungen zueinander?

(A) 80 : 5,2 : 1
(B) 80 : 5,6 : 1
(C) 120 : 4,8 : 1
(D) 162 : 11 : 2
(E) 174 : 13 : 2

86)

Der Strompreis ist i.a. abhängig vom Gesamtverbrauch an elektrischer Energie. Die Jahreskosten S_J (in DM) ergeben sich dabei als Summe aus dem Grundpreis S_G (in DM) und dem Produkt aus dem Arbeitspreis S_A (in DM/kWh) und dem jährlichen Stromverbrauch E_J (in kWh). Der Grundpreis S_G setzt sich wiederum zusammen aus dem Bereitstellungspreis S_B und dem Verrechnungspreis S_V (beide in DM).

Wie hoch sind im Durchschnitt die monatlichen Stromkosten, wenn $S_B = 90,0$ DM, $S_V = 40,0$ DM, $S_A = 0,15$ DM/kWh und $E = 15000$ kWh ist?

(A) 175,0 DM
(B) 188,2 DM
(C) 198,3 DM
(D) 205,5 DM
(E) 215,3 DM

87)

4000 ml einer Glucoselösung mit einer Konzentration von $1{,}75 \cdot 10^{-5}$ g/l werden mit 1500 ml einer Glucoselösung unbekannter Konzentration und 500 ml einer dritten Glucoselösung mit einer Konzentration von $4 \cdot 10^{-6}$ g/l vermischt. Die resultierende Lösung hatte eine Konzentration von $4 \cdot 10^{-5}$ g/l.

Wie hoch war die Konzentration der zweiten Glucoselösung?

(A) $1{,}00 \cdot 10^{-4}$ g/l
(B) $1{,}12 \cdot 10^{-4}$ g/l
(C) $1{,}20 \cdot 10^{-4}$ g/l
(D) $1{,}68 \cdot 10^{-4}$ g/l
(E) $3{,}12 \cdot 10^{-4}$ g/l

88)

Ein Güterzug, bestehend aus einer E-Lok und 44 Waggons mit einer Gesamtlänge über Puffer von 405 m, fährt an. Bevor sich der erste Waggon in Bewegung setzt, strafft sich die Kupplungskette, wodurch sich der Zug um 25 cm verlängert. Dies geschieht fortlaufend, bis sich auch der letzte Waggon in Bewegung gesetzt hat.

Um wieviel Prozent hat sich der Zug verlängert, wenn sich der letzte Waggon gerade in Bewegung setzt? Hierbei ist zu berücksichtigen, daß infolge der Rückstellkraft und nicht zu vermeidender Unregelmäßigkeiten bei der Beschleunigung zwischenzeitlich die anderen Kupplungen im Durchschnitt nur noch zu 80% gestrafft sind.

(A) ca. 1,88%
(B) ca. 1,96%
(C) ca. 2,11%
(D) ca. 2,19%
(E) ca. 2,25%

89)

Die Viskosität einer Flüssigkeit wird bestimmt durch Messung der Geschwindigkeit, mit der sie durch ein zylindrisches Rohr strömt. Zwischen der Durchflußgeschwindigkeit V/t und der Viskosität kann bei gegebenem Rohrdurchmesser 2R und gegebener Druckdifferenz (p_2-p_1) über die Rohrlänge l eine Beziehung hergestellt werden, die durch das Hagen-Poisseuillesche Gesetz wiedergegeben wird:

$$\frac{V}{t} = \frac{\pi(p_2-p_1)R^4}{8\,n\,l}, \quad n = \text{konstant.}$$

Wie lautet die nach R aufgelöste Gleichung?

(A) $R = 2\left[\dfrac{n\,l\,V}{t\,\pi(p_2-p_1)}\right]^{1/4}$

(B) $R = \left[\dfrac{8\,n\,l\,V}{t\,\pi(p_2-p_1)}\right]^{1/4}$

(C) $R = \left[\dfrac{8\,n\,l\,V}{t\,\pi(p_2-p_1)}\right]^{-4}$

(D) $R = 2\left[\dfrac{n\,l\,\pi\,t}{V(p_2-p_1)}\right]^{1/4}$

(E) $R = \left[\dfrac{8\,n\,l\,\pi\,t}{V(p_2-p_1)}\right]^{1/4}$

90)

Ein gregorianisches Kalenderjahr dauert 365 Tage, 5 Stunden, 49 Minuten und 12 Sekunden; das siderische Jahr, also die tatsächliche Dauer eines Umlaufs der Erde um die Sonne, dauert dagegen $3{,}155815 \cdot 10^7$ Sekunden.

Um wieviel Sekunden ist das gregorianische Kalenderjahr zu kurz?

(A) 612 s
(B) 951 s
(C) 1198 s
(D) 1313 s
(E) 1565 s

91)

Welche Spalte in der nachstehenden Funktionstabelle trifft für die folgende Gleichung zu?

$$y = 2x + 2\left[\frac{3}{x} - x^2\right]^{-1}$$

x	1	2	3	4
(A) y	3	$3\frac{1}{5}$	$5\frac{3}{4}$	$7\frac{53}{61}$
(B) y	3	$3\frac{1}{5}$	$5\frac{3}{4}$	$7\frac{5}{6}$
(C) y	$2\frac{2}{3}$	$4\frac{1}{5}$	$5\frac{3}{4}$	$8\frac{8}{61}$
(D) y	3	$4\frac{1}{2}$	$5\frac{2}{3}$	$6\frac{3}{4}$
(E) y	3	$4\frac{4}{5}$	$6\frac{1}{4}$	$8\frac{8}{61}$

92)

Wird ein bestimmter Alkohol mit Wasser gemischt, so ist das resultierende Gesamtvolumen der Mischung um 2,5% kleiner als die rechnerisch zu erwartende Summe der Einzelvolumina beider Flüssigkeiten. Es wurden 2500 ml des Alkohols zu 3000 ml Wasser gegeben.

Wie groß ist das Gesamtvolumen der Mischung?

(A) ca. 5,25 l
(B) ca. 5,30 l
(C) ca. 5,33 l
(D) ca. 5,36 l
(E) ca. 5,40 l

93)

2000 ml einer Vitamin C-haltigen Lösung mit einer Konzentration von $2 \cdot 10^{-5}$ g/l werden mit 500 ml einer zweiten Lösung mit einer Konzentration von $2,5 \cdot 10^{-4}$ g/l und 1250 ml destilliertes Wasser vermischt.

Welche Konzentration hat Vitamin C in der resultierenden Lösung?

(A) $4,0 \cdot 10^{-4}$ g/l
(B) $4,4 \cdot 10^{-4}$ g/l
(C) $4,0 \cdot 10^{-5}$ g/l
(D) $4,4 \cdot 10^{-5}$ g/l
(E) $4,8 \cdot 10^{-5}$ g/l

94)

Die Saturn-V-Rakete, das Arbeitspferd des früheren amerikanischen Mondflug-Programms, war eine Drei-Stufen-Rakete. Jede Stufe bildete für sich genommen eine einzelne Rakete, die nacheinander gezündet wurden. Erst mit dem Ausbrennen der dritten Stufe erreichte die Nutzlast - die Apollo-Raumkapsel - die Erdumlaufbahn. Die Startmassen m_{St} und die jeweiligen Treibstoffmassen m_{Tr} (jeweils in Kilogramm) der drei Stufen sind in der folgenden Tabelle aufgelistet:

	1.Stufe	2.Stufe	3.Stufe
m_{St}	$2,2 \cdot 10^6$	$5,5 \cdot 10^3$	$12 \cdot 10^2$
m_{Tr}	$2,0 \cdot 10^6$	$5,0 \cdot 10^3$	$10 \cdot 10^2$

Wieviel Prozent des Startgewichtes der Saturn-V-Rakete machte allein das Gewicht des zum Erreichen der Erdumlaufbahn benötigten Treibstoffes aus?

(A) 85,5%
(B) 87,5%
(C) 89,7%
(D) 90,9%
(E) 92,2%

95)

200 ml einer Traubenzuckerlösung mit einer Konzentration von $1{,}0 \cdot 10^{-5}$ g/l werden mit 1 l einer zweiten Traubenzuckerlösung mit einer Konzentration von $0{,}7 \cdot 10^{-4}$ g/l vermischt. Da vergessen wurde, daß Gefäß zu verschließen, ist nach 14 Tagen 25% des ursprünglichen Wasservolumens verdampft.

Wie hoch ist nun die Konzentration des Traubenzuckers in der resultierenden Lösung?

(A) $8 \cdot 10^{-6}$ g/l
(B) $4 \cdot 10^{-5}$ g/l
(C) $6 \cdot 10^{-5}$ g/l
(D) $8 \cdot 10^{-5}$ g/l
(E) $8 \cdot 10^{-4}$ g/l

96)

Anders als in den meisten anderen Staaten der Welt werden in den USA Temperaturen noch immer nicht in der Celsius-Skala sondern in der Fahrenheit-Skala gemessen. Hierbei entspricht ein Fahrenheitgrad 5/9 Celsiusgrade.

Wieviel Grad Fahrenheit entspricht der Körpertemperatur eines Fiebernden von $40\,^\circ$C? Hierbei ist zu berücksichtigen, daß $0\,^\circ$C $32\,^\circ$F entsprechen.

(A) $98\,^\circ$F
(B) $104\,^\circ$F
(C) $108\,^\circ$F
(D) $111\,^\circ$F
(E) $114\,^\circ$F

Nicht umblättern! Warten Sie auf das Zeichen des Testleiters!

Wissen Sie,

warum man zur der Bearbeitung des Untertests 'Schlauchfiguren' einen langen Bleistift präsent haben sollte?

Kennen Sie

im Zusammenhang mit der Bearbeitung des Untertests 'Textverständnis' den Begriff 'Schlüsselworte'?

Wußten Sie,

daß man sich bei der Bearbeitung des Untertests 'Konzentriertes und sorgfältiges Arbeiten' am besten nur auf die Aufstriche der b's konzentrieren sollte?

Wenn nicht ...

                                          blättern Sie doch einmal um!

MEDITRAIN

Zentralstelle für Testtraining des IFT
Institut für Testforschung & Testtraining Köln

**bietet 1 - 5-tägige
TMS-EMS-Intensiv-Trainingsseminare**

- Schulung anhand Ihnen unbekannter TMS- und EMS-Übungsaufgaben
- Simulation des Tests zur Erkennung von Stärken und Schwächen
- Wir vermitteln Ihnen effektive Lösungs- und Arbeitsstrategien für die verschiedenen Aufgabentypen des TMS/EMS
- Sie üben effektive Konzentrations- und Entspannungstechniken. Entspannt arbeiten Sie konzentrierter und schaffen mehr Testaufgaben als unter Stress
- Sie erfahren wie Ihre „Konkurrenten" arbeiten und sich zusätzlich auf den TMS/EMS vorbereiten
- Sie lernen, auf welches Arbeitstempo Sie sich bei de Bearbeitung der einzelnen Untertests einstellen müssen
- Während der Testsimulation werden Sie von einem Trainer beobachtet, der Ihr Verhalten registriert, analysiert und Sie individuell berät
- In einem speziellen Mathematiktraining erarbeiten wir mit Ihnen die mathematischen Grundlagen zur Bewältigung des Untertests „Quantitative und formale Probleme"
- Sie lernen Punkte zu machen, wo das schnell und sicher möglich ist

Unsere von Testexperten geleiteten professionellen Trainingsseminare können Sie in ZÜRICH, BASEL, BERN, LUZERN, MÜNCHEN, FRANKFURT, STUTTGART, KÖLN, HAMBURG, BERLIN und vielen weiteren Städten buchen. Informieren Sie sich auf unserer Webseite unter www.ems-eignungstest.ch bzw. www.tms-medizinertest.de

MEDITRAIN

Zentralstelle für Testtraining des IFT
INSTITUT FÜR TESTFORSCHUNG & TESTTRAINNG KÖLN
Brauweilerstr. 14 – D-50859 Köln – Tel.: 00492234-9790328

WWW.EMS-EIGNUNGSTEST.CH

Unser Ziel ist Ihr Erfolg! Und für den setzen wir uns kompromisslos ein!

Konzentriertes und sorgfältiges Arbeiten Bearbeitungszeit: 8 Minuten

Mit diesem Test soll Ihre Fähigkeit, rasch, sorgfältig und konzentriert zu arbeiten gemessen werden. Sie sehen nachfolgend ein Blatt mit 40 Zeilen, die aus je 40 Buchstaben p und q gebildet werden.

Ihre Aufgabe ist es, zeilenweise jedes p zu markieren, das unmittelbar auf ein q folgt:

q p̸

In der folgenden Beispielzeile müssten Sie also das 3., 7., 9., 12. und 17. Zeichen markieren:

p q p̸ q q q p̸ q p p q p̸ q q q q p̸

Sie dürfen kein p markieren, das einem p folgt.
Sie dürfen kein q markieren, gleichgültig auf welchen Buchstaben es folgt.

Markieren Sie die Zeichen deutlich - malen Sie jedoch nicht in andere Zeilen oder Zeichen. Denken Sie daran, dass Sie hier durch zu schwache, zu kurze oder sonstige falsche Markierungen Punkte einbüssen können!

Beginnen Sie mit der Bearbeitung in der ersten Zeile. Arbeiten Sie jeweils bis zum Ende einer Zeile und beginnen Sie unaufgefordert sofort vorn in der nächsten Zeile; tun Sie das so lange, bis das Zeichen zum Aufhören gegeben wird. Das letzte Zeichen einer Zeile zählt nicht für die nachfolgende Zeile, d.h. steht ein q an letzter Stelle einer Zeile und ein p am Anfang der nächsten Zeile, so soll dieses p nicht durchgestrichen werden. In jeder Zeile beginnt die Suche also neu. Überspringen Sie keine Zeilen, weil alle Fehler und Auslassungen vor dem letzten bearbeiteten Zeichen gezählt werden.

Arbeiten Sie so schnell aber auch so genau wie möglich. Die Zahl der fälschlich angestrichenen und der fälschlich nicht angestrichenen Zeichen wird von der Gesamtzahl der richtigerweise markierten Zeichen abgezogen.

Nicht umblättern! Warten Sie auf das Zeichen des Testleiters!

STOP

Konzentrationstest Version 7

Name **Vorname** **Ihre TMS-Nummer**

Bitte nur so markieren

Belegart A B C **D**

Zum vorliegenden Trainingstest ist auch ein Lösungsheft erschienen!

Lutz W. Fichtner:
Lösungsheft zu
„Den TMS erfolgreich trainieren Band 1"
51 Seiten

Das Lösungsheft enthält ausführlich kommentierte Lösungen und Bearbeitungshinweise zu den Aufgaben der Untertests Muster zuordnen, Medizinisch-naturwissenschaftliches Grundverständnis, Quantitative und formale Probleme, Textverständnis und Diagramme und Tabellen des vorliegenden Trainingstests. Das Lösungsheft stellt eine wertvolle methodische Trainingshilfe dar, da es nunmehr mühelos gelingt, die Problemstellungen von TMS-EMS-Aufgaben zu verstehen und korrekte Lösungswege nachzuvollziehen. Auf wichtige Hinweise zur Bearbeitung der Aufgaben, zu Fallen in der jeweiligen Aufgabenstellung und auf Informationen zu speziellen Sachverhalten wird in diesem Lösungsband besondere Bedeutung gelegt

Immer wieder zeigt sich, dass Trainierende bei der Bearbeitung der Testaufgaben mitunter vor Lösungsproblemen stehen, die ohne fremde Hilfe nicht ausgeräumt werden können. Das Lösungsheft gestattet dem Trainierenden somit eine präzise Erfassung der gemachten Fehler, erlaubt ihm das Erkennen individueller Schwächen und ermöglicht ein Verstehen und Nachbearbeiten der korrekten Lösungswege.

www.ems-eignungstest.ch

Meditrain -Verlag Klaus Gabnach
5. überarbeitete Auflage 2015

meditrain
Institut für Testforschung und Testtraining Köln. Seit 1985.

MEDITRAIN TESTVORBEREITUNGEN KÖLN

EIGNUNGSTEST FÜR DAS MEDIZINSTUDIUM

(TMS)

Lernheft
Trainingstest 1

Name: _____

Vorname: _____

TMS-Nummer: _____

MEDITRAIN, Köln 2015©

Figuren lernen (Einprägephase)   Lernzeit: 4 Minuten

Dieser Test prüft, wie gut Sie sich Einzelheiten von Gegenständen, die Sie mit dem Auge wahrnehmen, einprägen und merken können.

Es werden Ihnen 20 Figuren vorgegeben; ein Teil jeder Figur ist geschwärzt.

Ein Beispiel:

Die Lage der schwarzen Fläche sollen Sie nun so erlernen, daß Sie später angeben können, welcher Teil der Abbildung geschwärzt war. Die Figuren werden Ihnen dann jedoch in veränderter Reihenfolge vorgelegt.

Ein Beispiel für die Art, in der Sie später abgefragt werden:

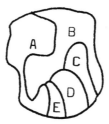

Die Lösung wäre dann (C).

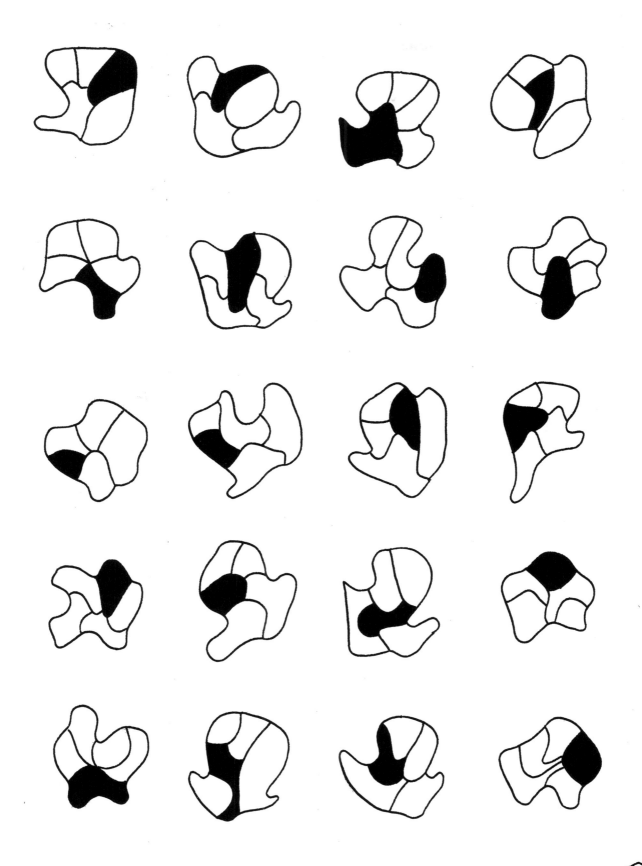

Fakten lernen (Einprägephase)   **Lernzeit: 6 Minuten**

Der folgende Untertest soll prüfen, wie gut Sie Fakten lernen und behalten können.

15 Patienten werden Ihnen vorgestellt; Sie erfahren jeweils den Namen, die Altersgruppe, den Beruf, ein weiteres Beschreibungsmerkmal (z.B. Familienstand) und die Diagnose.

Ein Beispiel für eine derartige Fallbeschreibung:

      Morgenstern   ca. 50 Jahre   Drogist, Witwer, Schädeltrauma

Ihre Aufgabe ist es nun, sich die Informationen über jede Person so einzuprägen, daß Sie später Fragen nach Details beantworten können. Eine solche Frage könnte z.B. lauten:

Der Patient mit dem Schädeltrauma ist von Beruf ...

(A) Makler
(B) Historiker
(C) Drogist
(D) Großhändler
(E) Chemiker

Die richtige Antwort wäre (C).

Läufer	ca. 20 Jahre	Tauchlehrerin, unehelich geboren, Bisswunde
Renner	ca. 20 Jahre	Kampfschwimmer, kleinwüchsig, Scharlach
Geher	ca. 20 Jahre	Hochseefischer, ungebunden, Nebenhöhlenentzündung
Hoesch	ca. 30 Jahre	Mathematiklehrer, kinderlos, Brustfellentzündung
Thyssen	ca. 30 Jahre	Statistikerin, Langschläferin, Gebärmutterzyste
Krupp	ca. 30 Jahre	Mathematiker, Albino, Bindehautentzündung
Radler	ca. 40 Jahre	Magd, Schlafwandlerin, Zellulitis
Beiker	ca. 40 Jahre	Landarbeiter, verliebt, Syphilis
Radfahrer	ca. 40 Jahre	Stallknecht, Katzenliebhaber, Angina pectoris
Pfeiffer	ca. 50 Jahre	Elektrikerin, jagdlustig, Tollwut
Flöter	ca. 50 Jahre	Kfz-Mechaniker, einarmig, Salmonellenerkrankung
Pauker	ca. 50 Jahre	Schornsteinfeger, glatzköpfig, Raucherlunge
Schacht	ca. 60 Jahre	Oberstudienrat, Blumenfreund, Nierenversagen
Gruben	ca. 60 Jahre	Abendschullehrerin, fromm, Gelenkrheuma
Lochner	ca. 60 Jahre	Kursleiter, gemütsvoll, Rippenfellentzündung

MEDITRAIN
Zentralstelle für Testtraining des IFT
Institut für Testforschung & Testtraining Köln

**bietet 1 - 5-tägige
TMS-EMS-Intensiv-Trainingsseminare**

- ▶ Schulung anhand Ihnen unbekannter TMS- und EMS-Übungsaufgaben
- ▶ Simulation des Tests zur Erkennung von Stärken und Schwächen
- ▶ Wir vermitteln Ihnen effektive Lösungs- und Arbeitsstrategien für die verschiedenen Aufgabentypen des TMS/EMS
- ▶ Sie üben effektive Konzentrations- und Entspannungstechniken. Entspannt arbeiten Sie konzentrierter und schaffen mehr Testaufgaben als unter Stress
- ▶ Sie erfahren wie Ihre „Konkurrenten" arbeiten und sich zusätzlich auf den TMS/EMS vorbereiten
- ▶ Sie lernen, auf welches Arbeitstempo Sie sich bei de Bearbeitung der einzelnen Untertests einstellen müssen
- ▶ Während der Testsimulation werden Sie von einem Trainer beobachtet, der Ihr Verhalten registriert, analysiert und Sie individuell berät
- ▶ In einem speziellen Mathematiktraining erarbeiten wir mit Ihnen die mathematischen Grundlagen zur Bewältigung des Untertests „Quantitative und formale Probleme"
- ▶ Sie lernen Punkte zu machen, wo das schnell und sicher möglich ist

Unsere von Testexperten geleiteten professionellen Trainingsseminare können Sie in ZÜRICH, BASEL, BERN, LUZERN, MÜNCHEN, FRANKFURT, STUTTGART, KÖLN, HAMBURG, BERLIN und vielen weiteren Städten buchen. Informieren Sie sich auf unserer Webseite unter www.ems-eignungstest.ch bzw. www.tms-medizinertest.de

MEDITRAIN
Zentralstelle für Testtraining des IFT
INSTITUT FÜR TESTFORSCHUNG & TESTTRAINNG KÖLN
Brauweilerstr. 14 – D-50859 Köln – Tel.: 00492234-9790328

WWW.EMS-EIGNUNGSTEST.CH

Unser Ziel ist Ihr Erfolg! Und für den setzen wir uns kompromisslos ein!

MEDITRAIN TESTVORBEREITUNGEN KÖLN

EIGNUNGSTEST FÜR DAS MEDIZINSTUDIUM

(TMS/EMS)

TEIL B
Trainingstest 1

Name: _____

Vorname: _____

TMS-EMS-Nummer: _____

MEDITRAIN, Köln 2015©

Textverständnis Bearbeitungszeit 60 Minuten

> Mit den folgenden Aufgaben 97-120 wird die Fähigkeit überprüft, umfangreiches und komplexes Textmaterial aufzunehmen und zu verarbeiten. Es werden Ihnen vier Texte vorgelegt, auf die jeweils sechs Fragen folgen, die sich ausschließlich auf den Inhalt des vorangegangenen Textes beziehen. Wählen Sie bei jeder Frage die zutreffende Antwort aus, und markieren Sie den Lösungsbuchstaben auf dem Antwortbogen.

Text zu den Fragen 97-102

Das älteste aller modernen bildgebenden Verfahren ist die Röntgenaufnahme. Sie hat auch heute noch einen wichtigen Stellenwert in der orthopädischen Diagnostik. Über Knochengewebe macht die Röntgenaufnahme zuverlässige Aussagen.

Die den Knochen umgebenden Bindegewebe, Muskeln, Sehnen oder Haut kann man immer zuverlässiger mit dem Ultraschall, auch Sonographie genannt, untersuchen. die vorwiegend weichteilgeführten Gelenke, wie zum Beispiel die Schulter, sind die Domäne der Sonographie.

Das Computertomogramm (CT) kann unter anderem die Ausdehnung von Krankheitsprozessen besser darstellen als das Röntgen. Die Möglichkeit, übereinanderliegende CT-Schichten vom Computer zu einem dreidimensionalen Gesamtbild zusammensetzen zu lassen, hat diesen Vorteil besonders betont. So können ganze Knochenpartien und Gelenke räumlich dargestellt und auf dem Bildschirm gedreht werden. Bei schwierigen Operationen kann man anhand der Schnittbilder einen Kunstknochen herstellen und den Eingriff am Modell planen und durchführen.

Die nukleare Magnet-Resonanz-Tomographie (MRT), auch Kernspintomographie genannt, liefert vom Aufbau her ähnliche Bilder wie das CT. Hier werden jedoch auch Weichgewebe wie Muskeln und Sehnen zuverlässig beurteilbar dargestellt. Sie funktioniert durch die kurzzeitige Ausrichtung von Atomkernen im magnetischen Feld und die Aufzeichnung und bildliche Darstellung ihrer Resonanz. Neben der besseren Darstellung der Weichteile gilt die fehlende Strahlenbelastung als entscheidender Vorteil der MRT-Untersuchung. Das MRT ist fast bei allen Fragestellungen einsetzbar. besonders wichtig sind seine Aussagen, wenn beispielsweise die Ausdehnung eines Knochentumors in die umgebenden Weichteile präoperativ beurteilt werden soll.

Die Knochenszintigraphie ist nach wie vor eine bewährte Screening-Untersuchung für erhöhten Stoffwechsel, wie beispielsweise bei Entzündungen oder Tumoren. Auf den Auf-nahmen kann der Ort eines entzündlichen oder tumorösen Geschehens oft viel früher erkannt werden als auf Röntgenaufnahmen oder mit anderen Techniken.

Zur Diagnose einer Erkrankung des Hüftgelenkes hat sich die Sonographie bewährt. Die Untersuchung zeigt deutlich die Lage des Hüftkopfes zur Hüftpfanne an. Erkennt man Hüftdysplasien, d.h. Fehlstellungen des Gelenkes frühzeitig, können eventuell weitere Fehlbildungen verhindert und somit Operationen vermieden werden. Die Kernspintomographie ist im Bereich der Hüftuntersuchung zwar ebenso zuverlässig wie der Ultraschall, aber mit viel mehr materiellem und zeitlichen Aufwand verbunden.

Am Kniegelenk hatte vor einigen Jahren die Gelenksspiegelung (Arthroskopie) die Operationen mit großem Schnitt (Arthrotomie) verdrängt. In Zukunft sind aber vielleicht auch die Zeiten vorbei, in denen diagnostische Arthroskopien durchgeführt wurden, da mithilfe der Kernspintomographie ein Meniskusschaden inzwischen mit einer Genauigkeit von 92 % festgestellt werden kann. Zu 96% kann man nach der Untersuchung sicher sein, dass kein Meniskusschaden vorliegt und zu 98 % kann man einen Kreuzbandschaden ausschließen. Das bedeutet, dass in diesen Fällen auf eine arthroskopische Operation verzichtet werden kann. Die Diagnose von Meniskusschäden mit der Sonographie ist bislang noch nicht so zuverlässig. Mit dem MRT kann auch die Arthrose im Kniegelenk schon in sehr frühen Stadien an vermehrter Wassereinlagerung erkannt werden. Ebenfalls mit dem MRT konnten bei Patienten mit normalem Röntgenbild nach Knieverletzungen knöcherne Veränderungen bis hin zu Teilfrakturen nachgewiesen werden.

An der Schulter stehen heute Ultraschall- und MRT-Diagnostik ganz vorn. Das grobe Bild der "frozen shoulder" kann nach ausführlicher Untersuchung in viele einzelne Diagnosen aufgeteilt und speziell therapiert werden. So wird der Riss der Rotatorenmanschette konservativ behandelt oder transossär genäht, während eine Enge unter dem Acromion mit einer Acromioplastik beseitigt werden kann. Die Darstellung der Hill-Sachs-Läsion, einer Knochendelle im Humeruskopf, die nach der Luxation des Gelenkes entstehen kann, ist mit der Sonographie zuverlässig möglich. Auch Kernspin und CT zeigen den Knocheneinbruch, während er im Röntgen häufig übersehen wird. Auch hier wird durch die neue Diagnostik weniger operiert, weil ein Eingriff nur dann erforderlich ist, wenn gleichzeitig ein Schaden an der Schultergelenkpfanne oder der -pfannenlippe nachgewiesen wird.

97)
Welche der folgenden Aussagen zu den verschiedenen bildgebenden Verfahren ist gemäß dem vorliegenden Text **nicht** korrekt?

(A) mindestens fünf verschiedene bildgebende Verfahren werden in der modernen medizinischen Diagnostik genutzt.
(B) die Röntgenaufnahme ist das älteste bildgebende Verfahren.
(C) die Kernspintomographie nutzt die Resonanz von Atomkernen mit magnetischen Feldern zur Darstellung von Knochen und Weichgeweben.
(D) alle Screening Untersuchungen erlauben sowohl die räumliche als auch die schichtweise Darstellung des untersuchten Objektes.
(E) ein Vorteil der nuklearen Magnet-Resonanz-Tomographie ist die fehlende Strahlenbelastung.

98)
Welche der folgenden Aussagen zu den Einsatzgebieten der verschiedenen bildgebenden Verfahren ist gemäß dem Text korrekt?

(A) Entzündungen oder Tumore in Weichgewebe wie zum Beispiel Muskeln oder Sehnen können aufgrund ihres erhöhten Stoffwechsels mithilfe der Szintigraphie frühzeitig erkannt werden.
(B) durch den Einsatz der Kernspintomographie kann in manchen Fällen auf eine arthroskopische Operation verzichtet werden.
(C) zur Darstellung der Hill-Sachs-Läsion können sowohl die Sonographie als auch die Computertomographie eingesetzt werden. Die Kernspintomographie ist dagegen hier nicht zuverlässig.
(D) bei der Diagnose von Meniskusschäden erweist sich die Sonographie als sehr zuverlässig.
(E) bei Erkrankungen des Magen-Darm-Trakts empfiehlt sich zur Diagnose auch der Einsatz des Kontrastmittelröntgens.

99)

Knochenmarktumore gehören zu den gefährlichsten Spielarten des Krebs. Welche der in dem vorliegenden Text vorgestellten bildgebenden Verfahren sollten zur Diagnose bevorzugt herangezogen werden?

(I)   die Sonographie.
(II)   die Knochenszintigraphie.
(III)   das Kontrastmittelröntgen.
(IV)   die Computertomographie.

(A)   nur Aussage I ist korrekt.
(B)   nur Aussage II ist korrekt.
(C)   nur die Aussagen II und III sind korrekt.
(D)   nur die Aussagen II und IV sind korrekt.
(E)   nur die Aussagen I, II und IV sind korrekt.

100)

Welche der folgenden Aussagen zum Einsatz der nuklearen Magnetresonanztomographie in der medizinischen Diagnostik ist gemäß dem vorliegenden Text **nicht** korrekt?

(A)   mit Hilfe der MRT können ähnlich wie bei der Computertomographie auch Weichgewebe wie Muskeln und Sehnen zuverlässig beurteilbar dargestellt werden.
(B)   das Verfahren ist bei fast allen Fragestellungen einsetzbar.
(C)   im Bereich der Hüftuntersuchung ist die MRT ebenso zuverlässig wie die Sonographie.
(D)   das Verfahren erlaubt die Früherkennung einer Kniegelenksarthrose.
(E)   die Darstellung der Hill-Sachs-Läsion ist auch mit der MRT möglich.

101)

Welche der folgenden Aussagen zu den Anwendungsgebieten der modernen bildgebenden Verfahren ist/sind aus dem Text heraus belegbar?

(I)   bei der Diagnose von Schulterverletzungen wird vor allem auf die Sonographie und die Kernspintomographie zurückgegriffen.
(II)   die Kernspintomographie ist zum Beispiel besonders wichtig zur präoperativen Beurteilung der Ausdehnung eines Knochentumors in die umgebenden Weichteile.
(III)   die Sonographie dient vor allem zur Untersuchung des die Knochen umgebenden Bindegewebes.
(IV)   die modernen bildgebenden Verfahren ergänzen in der medizinischen Diagnostik die klassische Röntgenaufnahme und können sie in absehbarer Zeit ersetzen.

(A)   nur die Aussagen I und II sind belegbar.
(B)   nur die Aussagen I, II und III sind belegbar.
(C)   nur die Aussagen I, III und IV sind belegbar.
(D)   nur die Aussagen II, III und IV sind belegbar.
(E)   alle Aussagen sind belegbar.

102)

Kniegelenksverletzungen sind bei vielen Sportarten, unter anderem Laufen, Fußball und Ski-Alpin, insbesondere bei wenig Trainierten und Leistungssportlern recht häufig. Welche der folgenden Aussagen zur Diagnose dieser Verletzungen sind gemäß dem Text korrekt?

(I) die Darstellung der Folgen einer Luxation des Gelenkes ist mit der Sonographie zuverlässig möglich.
(II) mithilfe der Kernspintomographie können 92% aller Meniskusschäden korrekt diagnostiziert werden.
(III) Knieverletzungen, die mit dem normalen Röntgenbild nicht zu erkennen sind, können unter Umständen mit der nuklearen Magnet-Resonanz-Tomographie nachgewiesen werden.
(IV) die Arthroskopie ist zur Zeit die gebräuchlichste Methode zur Diagnose einer Arthrose.

(A) nur Aussage I ist korrekt.
(B) nur Aussage II ist korrekt.
(C) nur die Aussagen II und III sind korrekt.
(D) nur die Aussagen I, II und III sind korrekt.
(E) alle Aussagen sind korrekt.

Text zu den Fragen 103-108

Von den 2702 Ende 1988 in den USA registrierten Aids Fällen (das sind 4 % der Gesamtzahl), die sich auf eine heterosexuelle Übertragung zurückführen ließen, hatten 1639 (367 Männer und 1272 Frauen) nachweislich Sexualkontakte mit einem HIV-Infizierten oder -Gefährdeten gehabt. Das Verhältnis von 1 zu 3,5 von männlichen zu weiblichen heterosexuell angesteckten Aidskranken in den USA beruht wahrscheinlich darauf, dass die Grundmenge der anders infizierten Männer – z.B. über intravenösen Drogenmissbrauch und homosexuelle Kontakte – größer ist. Möglicherweise wird auch leichter von einem infizierten Mann auf seine Sexualpartnerin übertragen als umgekehrt.

Kinder stellten 1988 in den USA die am raschesten wachsende Gruppe gemeldeter AIDS-Fälle. Insgesamt wurden 1054 aidskranke Kinder registriert. In 78 % dieser Fälle steckten sie sich vor, bei oder kurz nach der Geburt (perinatal) an; Ursache ist meist ein intravenöser Drogenmissbrauch der Mutter oder deren Sexualpartner. In 19 % der Fälle waren entweder Bluttransfusionen oder die wegen Bluterkrankheiten verabreichten Gerinnungsfaktor-Konzentrate HIV-verseucht.

In den USA gehören 59 % der Erwachsenen Aids Patienten und 23 % der Kinder zur weißen Bevölkerung, 26% der Erwachsenen und 53 % der Kinder zur schwarzen; 14 % der Erwachsenen und 23 % der Kinder sind so genannte Hispanics. Dies steht in starkem Missverhältnis zu dem Anteil, den diese ethnischen Gruppen an der Gesamtbevölkerung haben (Schwarze 11,6 und Hispanoamerikaner 6,5 %). Der überproportional starke Anteil von Schwarzen und Hispanoamerikanern sowie ihren Sexualpartnern und Kindern an der Zahl gemeldeter Aids Fälle, spiegelt die höhere Rate infizierter Fixer in diesen Bevölkerungsgruppen wider. Wegen des im Nordosten der Vereinigten Staaten stark verbreiteten intravenösen Drogenmissbrauchs ist dort für Schwarze und Hispanoamerikaner das Aids Risiko zwei- bis zehnmal höher als im übrigen Land. Die auf HIV-verseuchte Blutkonserven zurückzuführenden und ethnischen Gruppen. Eine Ausnahme sind Kinder von schwarzen Müttern – vielleicht, weil diese Neugeborenen wegen zu geringen Geburtsgewichts häufiger Bluttransfusionen benötigen.

HIV wird hauptsächlich durch Sexualkontakte, Blutprodukte sowie perinatal von Mutter zu Kind übertragen. Von den Sexualkontakten sind in den USA diejenigen unter homosexuellen Männern die häufigste Ursache gewesen. In dieser Gruppe steigt das Infektionsrisiko mit der Zahl der Sexualpartner und der Häufigkeit, mit der ihre Partner Analverkehr bei Ihnen ausüben. Es ist jedoch bekannt, dass auch der aktive Partner beim Analverkehr infiziert werden kann. Wie bei anderen sexuell übertragbaren Krankheiten ist eine HIV-Infektion durch lesbischen Verkehr äußerst selten.

HIV-Infektionen bei Homosexuellen treten gehäuft zusammen mit Geschlechtskrankheiten und anderen Ursachen für genitale und anale Geschwüre auf. Man nimmt an, dass hierdurch verursachte Haut- und Schleimhautschäden in der Genitalregion wiederum Eintritts- und Austrittspforten für das AIDS-Virus sind. Daher haben Bevölkerungsgruppen, in denen Geschlechtskrankheiten besonders häufig sind, wahrscheinlich auch ein erhöhtes HIV-Infektionsrisiko.

Bei weiblichen HIV-Infizierten ereignen sich die meisten heterosexuellen Übertragungen beim Vaginalverkehr; Analverkehr erhöht das Infektionsrisiko für die Frau. Die Gesamtrate der Infektionen bei Sexualpartnerrinnen von HIV-infizierten Fixern liegt signifikant höher als bei jenen von infizierten Männern aus anderen Risikogruppen, einschließlich bisexuellen Männern, Blutern, und Empfängern von Bluttransfusionen. Bei heterosexuellen Paaren, von denen ein Partner – der zunächst medizinisch erfasste - infiziert ist, hatte sich in 10-70 % auch der andere durch Sexualkontakte angesteckt.

Bereits nach Transfusion einer einzigen kontaminierten Blutkonserve ist der Empfänger mit hoher Wahrscheinlichkeit (89-100 %) HIV-infiziert. Glücklicherweise ist die Übertragung von HIV-infiziertem Blut in den USA heute selten, seit Personen aus den Hochrisikogruppen von der Spende abgeraten und alles gespendete Blut auf HIV Antikörper untersucht wird.

Durch gemeinsames Benutzen von Injektionsnadeln und anderen Fixerutensilien kann ebenfalls HIV-infiziertes Blut in den Körper gelangen, wenn auch in wesentlich kleineren Mengen als bei einer Bluttransfusion. Tatsächlich ist heute in den USA das Injizieren von Drogen für hetero-sexuelle Männer und Frauen die häufigste Ansteckungsquelle – und folglich auch für deren Kinder vor, bei und nach der Geburt.
(Quelle: W. L.Heyward/J.W.Curran: die Epidemiologie von Aids in den USA, in: Spektrum der Wissenschaft 12/1988, 78-85.)

103)
Welche der folgenden Aussagen zur Übertragung von HIV ist gemäß dem vorstehenden Text **nicht** korrekt?

(A) HIV wird hauptsächlich durch Sexualkontakte, Blut und Blutprodukte sowie perinatal von Mutter zu Kind übertragen.
(B) alle Arten von Sexualverkehr können zur Ansteckung mit HIV führen.
(C) das Ansteckungsrisiko homosexueller Männer ist größer als das homosexueller Frauen.
(D) Geschlechtskrankheiten bedingen anscheinend eine höhere Ansteckungsgefahr mit HIV.
(E) Sexualkontakte sind die häufigste Ursache für die Übertragung von HIV.

104)

Welche den nachstehenden Aussagen zum Aids Risiko in den verschiedenen amerikanischen Bevölkerungsgruppen ist/sind gemäß dem vorliegenden Text korrekt?

(I) Unter den Erwachsenen Aids Patienten ist der prozentuale Anteil der Weißen größer als der der Farbigen.
(II) 23 % der Kinder der Hispanos sind an Aids erkrankt.
(III) die Mehrzahl aller AIDS-kranken Kinder gehören zur schwarzen Bevölkerung.
(IV) die höhere AIDS-Durchseuchung der Kinder der farbigen Bevölkerung der USA hängt ursächlich mit ihrem größeren Bedarf an Blutkonserven zusammen.

(A) nur Aussage I ist korrekt.
(B) nur Aussage II ist korrekt.
(C) nur Aussage III ist korrekt.
(D) nur Aussage IV ist korrekt.
(E) nur die Aussagen I und IV sind korrekt.

105)

Welche der folgenden Aussagen zum Risiko einer Infektion mit HIV ist/sind aus dem vorstehenden Text ableitbar?

(I) die Wahrscheinlichkeit einer HIV-Infektion nach Transfusion einer kontaminierten Blutkonserve ist sehr hoch.
(II) das Ansteckungsrisiko bei Bluttransfusionen war in den USA in späteren Jahren geringer als früher.
(III) das gemeinsame Benutzen von Injektionsnadeln ist die häufigste Ursache einer HIV-Infektion bei Fixern.

(A) nur Aussage I ist ableitbar.
(B) nur Aussage II ist ableitbar.
(C) nur Aussage III ist ableitbar.
(D) nur die Aussagen I und II sind ableitbar.
(E) alle Aussagen sind ableitbar.

106)

Welche der folgenden Angaben wird durch den vorstehenden Text belegt?

(A) 78 % aller HIV-Infektionen in den USA erfolgen bis Ende 1988 perinatal.
(B) 4 % aller Ende 1988 in den USA registrierten Aids Fälle ließen sich auf eine heterosexuelle Übertragung zurückführen.
(C) das Verhältnis von männlichen zu weiblichen Aidskranken betrug Ende 1988 in den USA etwa 3,5 : 1.
(D) 19 % der Ende 1988 in den USA registrierten AIDS-Fälle ließen sich auf Bluttransfusionen zurückführen.
(E) 11,6 % der schwarzen Bevölkerung der USA war Ende 1988 HIV-infiziert.

107)
Welche der folgenden Aussagen zur Verbreitung von Aids in den USA ist/sind gemäß dem vorstehenden Text **nicht** korrekt?

(I) Ende 1988 ließen sich 96 Prozent der registrierten Aidsfälle auf eine homosexuelle Übertragung von HIV zurückführen.
(II) nur bei 3 % aller registrierten AIDS-kranken Kinder erfolgte die Ansteckung nicht perinatal, durch Bluttransfusionen oder durch Verabreichung von Gerinnungsfaktor-Konzentraten.
(III) von den Ende 1988 registrierten Aidskranken, deren Infektion auf eine heterosexuellen Übertragung von HIV zurückgeführt werden konnte, war fast die Hälfte Frauen, die Sexualkontakte mit einem HIV-Infizierten oder -Gefährdeten gehabt hatten.

(A) nur Aussage I ist nicht korrekt.
(B) nur Aussage II ist nicht korrekt.
(C) nur Aussage III ist nicht korrekt.
(D) nur die Aussagen I und II sind nicht korrekt.
(E) nur die Aussagen II und III sind nicht korrekt.

108)
Welche der nachstehenden Aussagen lässt sich aus dem vorliegenden Text **nicht** belegen?

(A) Kinder von schwarzen Müttern wurden bis 1988 relativ häufiger durch Blutkonserven mit HIV infiziert als Kinder anderer Bevölkerungsgruppen.
(B) auch der aktive Partner kann beim Analverkehr mit HIV infiziert werden.
(C) eine HIV-Infektion durch lesbischen Verkehr ist äußerst selten.
(D) das Risiko, sich mit HIV zu infizieren, ist im Nordosten der USA größer als im übrigen Land.
(E) die statistischen Ergebnisse könnten dafür sprechen, dass HIV-Infizierte Männer ihre Sexualpartnerinnen leichter anstecken können als umgekehrt.

Text zu den Fragen 109-114

HIV infiziert und zerstört T4-Zellen, eine unentbehrliche Komponente der menschlichen Immunabwehr. Der Infektionsvorgang beginnt damit, dass sich ein Protein der Virushülle namens gp120 fest an ein Protein auf der Zelloberfläche, den so genannten CD4 – Rezeptor oder T4-Marker, bindet. Virus – und Zellmembran verschmelzen miteinander, und der Inhalt des Virus – sein Kernbereich mit dem genetischen Material – gelangt ins Zellinnere. Dort wird seiner aus RNA (Ribonukleinsäure) bestehende Erbsubstanz unter dem Einfluss der so genannten Reversen Transkriptase, eines viralen Enzyms, in doppelsträngige DNA umgeschrieben (transkribiert). Die virale DNA wird in das zelluläre genetische Material im Zellkern eingebaut und kann jetzt unter Ausnutzung der zelleigenen Steuerungsmechanismen die Bildung neuer virale RNA und viraler Proteine einleiten. Diese lagern sich zu neuen Viruspartikeln zusammen, die aus der Zellmembran herausknospen und andere Zellen infizieren können.

Unter bestimmten Umständen kann das Ausknospen neuer Viruspartikel zur Zerstörung der Zelle führen. Jedes Ausknospen hinterlässt nämlich ein kleines Loch in der Membran der infizierten Zelle. Dieses könnte im Normalfall von zelleigenen Reparaturmechanismen leicht wieder geschlossen werden; nach einer massenhaften Vermehrung der HIV-Partikel nimmt die Zahl der Löcher allerdings so stark zu, dass die zelleigenen Reparaturmechanismen nicht mehr nachkommen können. In die undichte Zelle strömt dann ungehindert Flüssigkeit ein, so dass diese anschwillt und schließlich platzt. Diese Beobachtung legte nahe, dass die Vermehrung des Virus die Hauptursache der Zellzerstörung sei. Tatsächlich gilt dies insbesondere dann, wenn infizierte Helferzellen aktiviert werden, z. B. wenn Sie an einer Immunantwort gegen HIV oder weitere Viren, die andere Zellen infiziert haben, mitwirken. Somit hat gerade der Vorgang, der HIV abwehren soll – die Immunantwort –, den teuflischen Effekt, der Vermehrung des Virus Vorschub zu leisten.

Eine derartige Vermehrung von HIV ließ sich jedoch nur in einem kleinen Teil der von HIV-Infizierten gewonnenen T4-Zellen nachweisen. Ihre Zerstörung alleine könnte zwar das Immunsystem etwas beeinträchtigen, würde jedoch nicht den schweren Immundefekt verursachen, der AIDS charakterisiert. HIV muss somit in der Lage sein, T4-Zellen noch auf andere Weise zu zerstören.

Einer dieser Mechanismen besteht in der Bildung sog. Syncytien: Riesenzellen mit vielen Kernen aus miteinander verschmolzenen Zellen. Syncytien entwickeln sich, nachdem eine HIV-infizierte Zelle virale Proteine erzeugt hat, darunter gp120, das dann an ihrer Oberfläche erscheint. Da das virale gp120 und der CD4-Rezeptor der T4-Zellen eine hohe Bindungsaffinität zueinander aufweisen, können sich noch nicht befallene T4-Zellen an die infizierte Zelle binden und mit ihr verschmelzen. Das resultierende Syncytium ist funktionsunfähig und stirbt ab. Dabei wird nur eine einzige ursprünglich infizierte Zelle zerstört, mit ihr gehen aber Dutzende oder sogar Hunderte von uninfizierten T4-Zellen zugrunde.

Befallene T4-Zellen können auch durch die üblichen antiviralen Aktivitäten von cytotoxischen Antikörpern und Immunzellen (letztere werden von HIV nicht infiziert!) vernichtet werden – selbst solche, die keine neuen Viren bilden, sofern sie virale Proteine an der Oberfläche tragen. In diesem Fall sorgt die zelluläre Immunantwort, die von den gesunden T4-Zellen maßgeblich gesteuert und aktiviert wird, für die Vernichtung der befallenen Zelle.

Bei einem ganz ähnlichen Prozess, den es ausschließlich bei der HIV-Infektion gibt, kann freies, von den Viren abgestreiftes gp120 im Blut und in der Lymphe zirkulieren, sich an den CD4-Rezeptor nicht infizierter Helferzellen binden und diese als befallen erscheinen lassen. Auch in diesem Fall würden Sie eine gegen sie gerichtete Immunantwort hervorrufen.

Bei einem letzten Prozess geht es um die möglichen Auswirkungen von HIV auf die Bildung von Cytokinen (kleine, aber hochwirksame Proteine, welche die Aktivität vieler Zellarten einschließlich der T-und B-Zellen beeinflussen) in verschiedenen Arten von Zellen: das Virus infiziert und vermehrt sich nicht nur in T4-Zellen, sondern auch in Monocyten, Makrophagen und ähnlichen Zellen (dendritischen Gewebezellen) der Haut, der Schleimhäute, der Lymphknoten, der Leber, der Milz und des Gehirns. Solche Zellen werden durch das Virus zwar nicht zerstört, sie funktionieren aber nicht mehr reibungslos. Insbesondere könnte die HIV-Infektion die Menge oder die Beschaffenheit der Cytokine die normalerweise von aktivierten Makrophagen oder aktivierten Lymphozyten produziert werden, so verändern, dass sie toxisch für T4-Helferzellen sind.

(Quelle: R.R.Redfield/D.S.Burke: das klinische Bild der HIV-Infektion, in: Spektrum der Wissenschaft 12/1988, S. 100-102.)

109)
Welche der folgenden Aussagen ist/sind gemäß dem vorliegenden Text korrekt?

(I) das Ausknospen neuer Viruspartikel aus einer infizierten Zelle führt im Allgemeinen zu deren absterben.
(II) aller HIV-infizierten Zellen werden durch die zelluläre Immunantwort vernichtet.
(III) HIV infiziert zwar nicht nur T4-Zellen, zerstört aber allein diese.

(A) nur Aussage I ist korrekt.
(B) nur Aussage II korrekt.
(C) nur Aussage III ist korrekt.
(D) nur die Aussagen I und III sind korrekt.
(E) nur die Aussagen II und III sind korrekt.

110)
welche der nachstehenden Sachverhalte führt gemäß dem vorliegenden Text **nicht** als Folge einer HIV-Infektion zur fortgesetzten Zerstörung weiterer T4-Zellen?

(A) die Bildung von Syncytien.
(B) die Einlagerung von gp120-Proteinen in die Oberfläche infizierter Zellen.
(C) die Veränderung der Menge oder der Beschaffenheit der von aktivierten Makrophagen oder aktivierten Lymphozyten produzierten Cytokine.
(D) die antivirale Aktivität cytotoxischer Antikörper gegenüber Zellen, die virale Proteine an ihrer Oberfläche tragen.
(E) die Anlagerung von freien gp120-Proteinen an die CD4-Rezeptoren in der Oberfläche infizierter Zellen.

111)
Welche der folgenden Definitionen ist gemäß dem vorliegenden Text **nicht** korrekt?

(A) CD4-Rezeptoren, auch T4-Marker genannt, sind bestimmte Strukturen auf der Oberfläche von T4-Zellen.
(B) Syncytien sind nicht lebensfähige Riesenzellen mit vielen Kernen aus miteinander verschmolzenen T4-Zellen.
(C) Cytokine sind Proteine, die unter anderem die Aktivität von T-und B-Zellen beeinflussen können. Sie werden von Makrophagen oder Lymphozyten ständig produziert.
(D) die Reverse-Transkriptase ist ein virales Enzym, das unentbehrlich ist bei der Transkription der viralen RNA in DNA.
(E) gp120 ist ein Hüllprotein des HIV.

112)
Welche Zellen werden gemäß dem Text von HIV **nicht** infiziert?

(A) Lymphozyten
(B) T4-Zellen
(C) Makrophagen
(D) dendritische Gewebezellen des Gehirns
(E) Immunzellen

113)
Welche der im Folgenden genannten Auswirkungen einer medikamentösen Gabe freier CD4-Rezeptormoleküle ist/sind unter Berücksichtigung des vorliegenden Textes zu erwarten?

(I) die leicht beweglichen freien CD4-Rezeptormoleküle lagern sich an viele gp120- Proteine der Virushülle an und blockieren so häufig eine Bindung dieser Proteine mit CD4-Rezeptoren der T4-Zellen.
(II) die Bildung von Syncytien wird unterbunden oder wenigstens eingeschränkt.
(III) die Zahl freier gp120-Proteine im Blut und in der Lymphe nimmt ab.

(A) nur Auswirkung I ist zu erwarten.
(B) nur Auswirkung III zu erwarten.
(C) nur die Auswirkungen I und II sind zu erwarten.
(D) nur die Auswirkungen II und III sind zu erwarten.
(E) alle drei Auswirkungen sind zu erwarten.

114)
3`-Azido-2`,3`-didesoxythymidin (AZT) kann eine HIV-Infektion **stark** zurückdrängen. Welche der nachfolgend aufgeführten Ursachenbeschreibungen könnte unter Berücksichtigung des vorliegenden Textes **allein** für diesen Effekt verantwortlich gemacht werden?

(A) AZT bindet sich an freie gp120-Proteine im Blut und in der Lymphe und verhindert somit deren Bindung an die CD4-Rezeptoren nicht infizierter T4-Helferzellen.
(B) AZT blockiert die gp120-Proteine an der Oberfläche infizierter Zellen, so dass diese nicht mehr mit noch nicht befallenen T4-Zellen zu Syncytien zusammenschmelzen können.
(C) AZT sorgt für eine stärkere Aktivierung der Helferzellen und damit für eine verstärkte Produktion von T4-Zellen, die den Verlust durch die Zerstörung der infizierten Zellen ausgleicht.
(D) AZT hemmt die Reverse Transkriptase und verhindert so in befallenen T4-Zellen die Transkription der Virus-RNA in eine doppelsträngige DNA. HIV kann daher nicht die zelleigenen Steuerungsmechanismen zur Produktion neuer Viruspartikel ausnutzen.
(E) AZT unterstützt die Arbeit zelleigener Reparaturmechanismen und verhindert so das Absterben infizierter Zellen als Folge der Perforation der Zellmembran durch das Ausknospen neugebildeter Viruspartikel.

Text zu den Fragen 115-120

Das Gehirn besteht aus etwa 10^{12} Neuronen; jedes Neuron ist mit ca. 1000 anderen Nervenzellen verbunden, mit denen es Informationen austauscht. Die Neuronen sind somit die zentralen informationsverarbeitenden Einheiten des Gehirns. Jedes Neuron besitzt eine Anzahl fadenförmiger Fortsätze, so genannte Dendriten, und einem etwas dünneren Fortsatz, das Axon. Normalerweise empfangen Neuronen über die Dendriten die ankommenden Signale, filtern sie und leiten sie dann gegebenenfalls als Aktionspotenzial über das Axon an Nachbarneuronen weiter.

Kontaktstellen zwischen den Neuronen sind die Synapsen. Jeder dendritische Ast eines Neurons trägt viele hundert Synapsen, die Impulse von Axonen davorliegender (präsynaptischer) Zellen erhalten. Mit der Ankunft eines Aktionspotenzials an einer solchen Synapse wird ein chemischer Botenstoff (Neurotransmitter) in den synaptischen Spalt, der beide Neuronen voneinander trennt und so elektrisch isoliert, ausgeschüttet. Dieser Stoff diffundiert über den schmalen Spalt zwischen den Zellen und lagert sich an spezialisierte Rezeptoren der dahinterliegenden (postsynaptischen) dendritischen Membran an. Daraufhin öffnen sich spezielle Kanäle in der Zellmembran, durch die Ionen (elektrisch geladene Moleküle oder Atome) in die Nervenzelle ein- oder aus ihr ausströmen können.

Die wichtigsten beteiligten Ionen sind Natrium, Kalium und Chlorid. Chemische und elektrische Kräfte, gemeinsam mit Ionenpumpen in der Zellmembran, lassen die Konzentration bestimmter Ionen ansteigen, anderer abfallen. Daher findet sich mehr Kalium innerhalb der Zelle als außerhalb, umgekehrt ist das Verhältnis bei Natrium und Chlorid. Daraus entsteht für jedes Ion ein bestimmtes Konzentrationsgefälle (ein Gradient).

Wegen dieser ungleichen Ionenverteilung und der Existenz anderer geladener Moleküle in der Zelle wird das Zellinnere gegenüber dem Zelläußeren negativer – etwa 60-90 mV. Dieses Membranpotenzial bezeichnet man als Ruhepotenzial – den Zustand, in dem die Zelle keine elektrischen Impulse fortleitet. Die Ladungsdifferenz zwischen dem Inneren und dem umgebenden Medium der Zelle bewirkt den so genannten Potenzialgradienten.

Werden Ionenkanäle an der Synapse geöffnet, strömen bestimmte Ionen in die Zelle, andere verlassen Sie, so dass das Ruhepotenzial in diesem Gebiet gestört wird. Man sagt, die Zelle wird depolarisiert, wenn das Potenzial positiver wird, und hyperpolarisiert, wenn es negativer wird. Dieses eben ausgelöste Potenzial wandert zum Zellkörper. Ist die letzte Depolarisation am Zellkörper stark genug, wird ein Aktionspotenzial ausgelöst. Die depolarisierende Reizung wirkt daher erregend. Die Spannungsänderung bezeichnet man als EPSP (exzitatorisches postsynaptisches Potential). Hemmende Stimulation, die meist einer Hyperpolarisation entspricht, löst ein inhibitorisches postsynaptisches Potential aus (IPSP).

Ob Synapsen erregend oder hemmend wirken, hängt davon ab, welchen Ionenkanal sie regulieren. Sind die Kanäle geöffnet, wird die Richtung des Ionenstroms durch die Kräfte des Konzentrations- und des Potentialgradienten bestimmt. So diffundiert Natrium, ein einfach positiv geladenes Ion, durch geöffnete Natriumkanäle in die Zelle, da das Gefälle der Konzentration wie Potential diese Richtung begünstigt. Durch den Einstrom positiver Natriumionen wird die Nervenzelle depolarisiert und die Synapsen, welche die Natriumkanäle kontrollieren, wirken erregend.

Nach dem gleichen Prinzip verlässt das ebenfalls einfach positiv geladene Kalium die Zelle, wenn Kaliumkanäle geöffnet sind. Wegen des Konzentrationsgefälles strömt Kalium so stark aus, dass die Kraft des Potenzialgradienten überwunden wird, die positive Ladung ins Zellinnere ziehen will, und die Zelle wird hyperpolarisiert. Aus diesem Grunde sind Synapsen, welche die Kaliumkanäle kontrollieren, hemmend.

Während beim Öffnen der Natrium-oder Kaliumkanäle sofort Ionenströme einsetzen, die ein Potenzial auslösen, bleiben diese aus, wenn nur die Chloridkanäle geöffnet werden, da die einfach negativen Chloridionen den bestehenden Potenzialgradienten trotz des sie unterstützenden Konzentrationsgefälles nicht überwinden können. Erst wenn Chlorid-und Natriumkanäle gleichzeitig geöffnet sind, strömen Chlorid-Ionen in die Zelle, da die einströmenden Natrium-Ionen den Potenzialgradient zu Gunsten der Chlorid-Ionen ändern. Dabei dämpfen Sie das normalerweise durch den Einstrom der Natrium-Ionen ausgelösten EPSP. Man spricht daher von einer stillen Hemmung. Während die gewöhnliche Hemmung wegen ihrer Interaktion mit erregenden Vorgängen die Zelle stark negativ aufladen kann, wirkt die stille Hemmung eher positiv auf das Potenzial ein.
(Quelle:T.Possio/C.Koch: wie Synapsen Bewegung verrechnen, in: Spektrum der Wissenschaft 7/1987, S.78-84.)

115)
Welche der folgenden Definitionen ist/ sind gemäß dem vorstehenden Text korrekt?

(I) das Ruhepotenzial einer Nervenzelle gibt das Membranpotenzial in dem Zustand an, in dem die Zelle keine elektrischen Impulse fortleitet.
(II) inhibitorische postsynaptische Potentiale sind immer Ergebnisse von Hyperpolarisationen der Nervenzelle.
(III) Dendriten sind fadenförmige Fortsätze der Nervenzelle, die im allgemeinen die von benachbarten Neuronen ausgesandten Impulse aufnehmen.
(IV) die Ladungsdifferenz an der Membran einer Nervenzelle bedingt einen Potenzialgradienten zwischen dem Interzellularraum und dem Zellinnern.

(A) nur die Aussagen I und III sind korrekt.
(B) nur die Aussagen I und IV sind korrekt.
(C) nur die Aussagen II und IV sind korrekt.
(D) nur die Aussagen I, II und III sind korrekt.
(E) nur die Auslagen I, III und IV sind korrekt.

116)
Welche der folgenden Aussagen ist sind gemäß dem vorliegenden Text korrekt?

(I) die Spannungsänderung als Folge einer depolarisierenden Reizung wird als exzitatorisches postsynaptisches Potenzial bezeichnet.
(II) jedes von einem Dendriten eines Neurons empfangene Signal löst in der Zelle ein Aktionspotenzial aus.
(III) Neurotransmitter heben die elektrische Isolierung benachbarter Neuronen auf.

(A) nur Aussage I ist korrekt.
(B) nur Aussage II korrekt.
(C) nur Aussage III korrekt.
(D) nur die Aussagen I und II sind korrekt.
(E) nur die Aussagen I und III sind korrekt.

117)
Welche der im Folgenden genannten Auswirkungen der Ionenwanderungen ist aus dem vorstehenden Text **nicht** ableitbar?

(A) ein exzitatorisches postsynaptisches Potenzial wird durch den Einstrom positiv geladener Natrium-Ionen ausgelöst.
(B) eine stille Hemmung erfolgt allein durch das Einströmen negativer Chlorid-Ionen in die Nervenzelle.
(C) das Ausströmen der positiv geladenen Kalium-Ionen löst ein inhibitorisches postsynaptisches Potenzial aus.
(D) bei einer stillen Hemmung strömen meist mehr Natrium-Ionen als Chlorid-Ionen in die Nervenzelle ein.
(E) die Aufnahme positiver Ionen führt zu einer Depolarisation des Neurons.

118)
Welche der im Folgenden genannten Aussagen ist/sind gemäß dem vorstehenden Text **nicht** korrekt?

(I) die Öffnung der Kaliumkanäle polarisiert das Membranpotenzial der Zelle stärker.
(II) bei jeder Öffnung eines Ionenkanals ändert sich der Konzentrationsgradient an der Membran.
(III) die Konzentration der Kalium-Ionen ist normalerweise im Inneren der Zelle größer als außerhalb der Zelle.
(IV) bei gleichzeitiger Öffnung der Kalium-und der Chloridkanäle müssten sowohl Kalium- als auch Chlorid-Ionen aus der Zelle ausströmen.

(A) nur Aussage II ist nicht korrekt.
(B) nur Aussage IV ist nicht korrekt.
(C) nur die Aussagen I und III sind nicht korrekt.
(D) nur die Aussagen II und IV sind nicht korrekt.
(E) nur die Aussagen II, III und IV sind nicht korrekt.

119)

Nach dem Öffnen eines Kaliumkanals wird das Ausströmen von Kalium-Ionen aus der Zelle in den interzellulären Raum begünstigt durch ...

(I) das bezüglich der Kalium-Ionen bestehende Konzentrationsgefälle zwischen dem Interzellulärraum und dem Zellinnern.
(II) dem Potenzialgradienten zwischen dem Interzellulärraum und dem Zellinneren.
(III) der höheren Gesamt-Ionenkonzentration des Interzellulärraumes gegenüber dem Zellinneren.

Welche dieser Aussagen ist/sind gemäß dem vorstehenden Text korrekt?

(A) nur Aussage I ist korrekt.
(B) nur Aussage II ist korrekt.
(C) nur die Aussagen I und II sind korrekt.
(D) nur die Aussagen II und III sind korrekt.
(E) alle Aussagen sind korrekt.

120)

Ionenkanäle arbeiten immer nur in Richtung bestehender Konzentrations- oder Potenzialgefälle. Andere Strukturen, sog. Ionenpumpen, können Ionen dagegen sowohl als geladene Teilchen als auch in Form neutraler Komplexe - selbst gegen bestehende Konzentrations- oder Potenzialgefälle – in bzw. aus einer Zelle schleusen. Je nach Ladung der gepumpten Teilchen unterscheidet man daher elektrogene und elektroneutrale Pumpen.

Welche den nachstehenden Aussagen lässt/lassen sich aus dem Text und dem vorher gesagten **nicht** ableiten?

(I) Ionenpumpen, die Kalium-Ionen in eine Zelle hineinschleusen, depolarisieren die Zelle.
(II) werden die elektrogenen Natriumpumpen eines Neurons durch ein Zellgift lahmgelegt, äußert sich dieser Defekt auf die Dauer in einer Hyperpolarisation der Zelle.
(III) Ionenpumpen, die bestimmte Ionen in Form von Neutralkomplexen in eine Nervenzelle einschleusen, beeinflussen nicht das aktuelle Membranpotenzial der Zelle.
(IV) eine hemmende Stimulation eines Neurons könnte auch durch die Arbeit von Ionenpumpen ausgelöst werden, die negative Ionen in die Zelle einschleusen.

(A) nur Aussage I lässt sich nicht ableiten.
(B) nur Aussage II lässt sich nicht ableiten.
(C) nur Aussage IV lässt sich nicht ableiten.
(D) nur die Aussagen III und IV lassen sich nicht ableiten.
(E) alle Aussagen lassen sich ableiten.

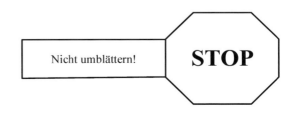
Nicht umblättern! STOP

Figuren lernen (Reproduktionsphase) Bearbeitungszeit: 5 Minuten

Geben Sie nun bitte an, welcher Teil jeder Figur im Lernheft schwarz ausgezeichnet war. Markieren Sie für jede Figur den Lösungsbuchstaben auf Ihrem Antwortbogen.

(Beachten Sie bitte die zeilenweise Abfolge der Figuren!)

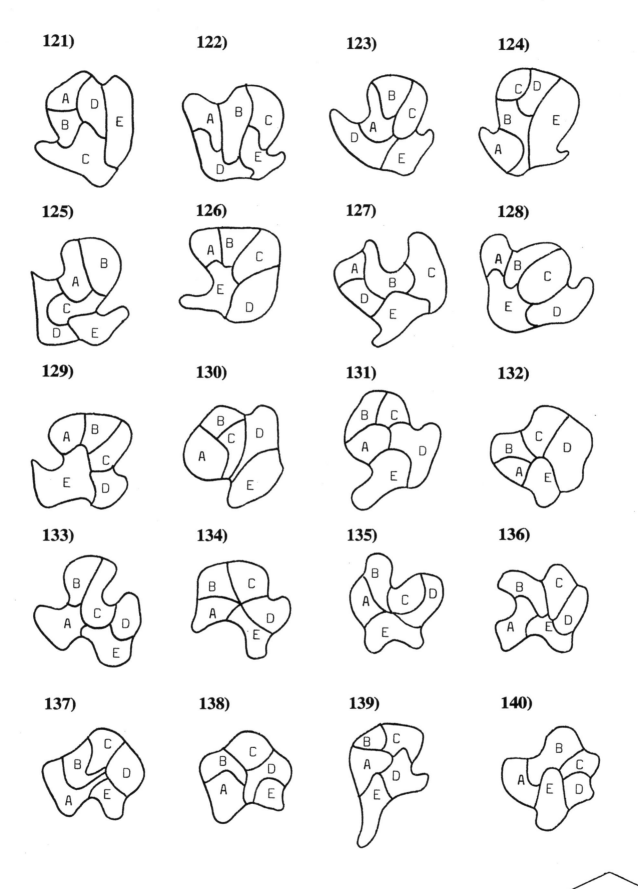

Fakten lernen (Reproduktionsphase) **Bearbeitungszeit: 7 Minuten**

> Sie hatten zuvor versucht, sich die Charakterisierungen von mehreren Personen einzuprägen.
> Nun sollen Sie einige Fragen zu diesen Personen beantworten.
> (Beachten Sie bitte die spaltenweise Abfolge der Fragen!)

141) Die Elektrikerin ist ...

   (A) ca. 20 Jahre alt
   (B) ca. 30 Jahre alt
   (C) ca. 40 Jahre alt
   (D) ca. 50 Jahre alt
   (E) ca. 60 Jahre alt

142) Jagdlustig ist Herr/Frau ...

   (A) Lochner
   (B) Radler
   (C) Pfeiffer
   (D) Pauker
   (E) Hoesch

143) Der Katzenliebhaber ist von Beruf ...

   (A) Kursleiter
   (B) Mathematiker
   (C) Hochseefischer
   (D) Schornsteinfeger
   (E) Stallknecht

144) Der Glatzköpfige leidet an ...

   (A) einer Bindehautentzündung
   (B) einer Raucherlunge
   (C) Angina pectoris
   (D) Scharlach
   (E) Nierenversagen

145) Der Landarbeiter heißt ...

   (A) Pauker
   (B) Gruben
   (C) Geher
   (D) Beiker
   (E) Krupp

146) Unehelich geboren ist Herr/Frau ...

   (A) Läufer
   (B) Radler
   (C) Lochner
   (D) Pfeiffer
   (E) Hoesch

147) Die Magd leidet an ...

   (A) Gelenkrheuma
   (B) Bindehautentzündung
   (C) Nebenhöhlenentzündung
   (D) Zellulitis
   (E) Tollwut

148) Ca. 30 Jahre alt ist Herr/Frau ...

   (A) Schacht
   (B) Thyssen
   (C) Beiker
   (D) Flöter
   (E) Renner

149) Radfahrer ist der Name eines ...

   (A) ca. 20jährigen Patienten
   (B) ca. 30jährigen Patienten
   (C) ca. 40jährigen Patienten
   (D) ca. 50jährigen Patienten
   (E) ca. 60jährigen Patienten

150) Fromm ist ...

   (A) der Schornsteinfeger
   (B) die Statistikerin
   (C) der Landarbeiter
   (D) die Magd
   (E) die Abendschullehrerin

151) Unter einer Zellulitis leidet eine ...

(A) ca. 20jährige Patientin
(B) ca. 30jährige Patientin
(C) ca. 40jährige Patientin
(D) ca. 50jährige Patientin
(E) ca. 60jährige Patientin

152) Die Diagnose für den Kfz-Mechaniker lautet ...

(A) Scharlach
(B) Gelenkrheume
(C) Angina pectoris
(D) Salmonellenerkrankung
(E) Bindehautentzündung

153) Brustfellentzündung lautet die Diagnose für Herrn/Frau ...

(A) Flöter
(B) Hoesch
(C) Geher
(D) Lochner
(E) Krupp

154) Die Patientin mit der Gebärmutterzyste ist ...

(A) ungebunden
(B) jagdlustig
(C) fromm
(D) eine Schlafwandlerin
(E) eine Langschläferin

155) Die Diagnose für den kinderlosen Patienten lautet ...

(A) Rippenfellentzündung
(B) Brustfellentzündung
(C) Scharlach
(D) Raucherlunge
(E) Nierenversagen

156) Die Langschläferin ist die Patientin mit ...

(A) Zellulitis
(B) einer Gebärmutterzyste
(C) Tollwut
(D) Gelenkrheuma
(E) einer Bisswunde

157) Ein Blumenfreund ist der Patient mit ...

(A) Rippenfellentzündung
(B) Nierenversagen
(C) Brustfellentzündung
(D) Raucherlunge
(E) Syphilis

158) Der Patient mit der Rippenfellentzündung ist ...

(A) ein Albino
(B) einarmig
(C) verliebt
(D) gemütsvoll
(E) kleinwüchsig

159) Frau Thyssen arbeitet beruflich als ...

(A) Abendschullehrerin
(B) Statistikerin
(C) Tauchlehrerin
(D) Elektrikerin
(E) Magd

160) An einer Salmonellenerkrankung leidet ...

(A) der ungebundene Patient
(B) der einarmige Patient
(C) der verliebte Patient
(D) der glatzköpfige Patient
(E) der Patient, der Katzen liebt

Nicht umblättern! Warten Sie auf das Zeichen des Testleiters!

Diagramme und Tabellen

Bearbeitungszeit: 60 Minuten

> Mit dieser Aufgabengruppe wird die Fähigkeit geprüft, Diagramme und Tabellen richtig zu analysieren und zu interpretieren.
>
> Suchen Sie jeweils unter den Lösungsvorschlägen die richtige Antwort auf die gestellte Frage aus. Zur Beantwortung sollen ausschließlich die in der Aufgabe dargebotenen Informationen herangezogen werden.

161)

Eine Ursache von Krebs ist die Belastung der menschlichen Umwelt durch ionisierende Strahlung. Die durchschnittliche Strahlenbelastung in der BRD setzte sich 1989 aus folgenden Anteilen zusammen (Angaben in Millisievert pro Jahr [mSv/a]).

Natürliche Quellen	
Radonbelastung der Wohnungen	1,3
Terrestrische Strahlung	0,5
Kosmische Strahlung	0,3
Aufnahme natürlich radioaktiver Substanzen	0,3
Zivilisatorische Quellen	
Medizinische Anwendungen	1,5
Tschernobyl-Reststrahlung	0,03
Strahlenbelastung durch Wirtschaft und Haushalt	0,02
Reststrahlung aus Kernwaffenversuchen	0,01
Strahlung aus kerntechnischen Anlagen	0,01
Berufliche Strahlenbelastung	0,01

Welche der folgenden Aussagen ist/sind aus der Tabelle ableitbar?

(I) Die durchschnittliche natürliche Strahlenbelastung eines Bundesbürgers betrug 1989 ca. 2,4 mSv/a.

(II) Zwei Fünftel der durchschnittlichen Strahlenbelastung eines Bundesbürgers entstammte 1989 zivilisatorischen Quellen.

(III) Das Abschalten bestehender kerntechnischer Anlagen hätte keine bedeutende Auswirkungen auf das auf Strahleneinfluß zurückzuführende Krebsrisiko.

(IV) Die durchschnittliche natürliche Strahlenbelastung eines Bundesbürgers ist etwa doppelt so hoch wie seine durchschnittliche zivilisatorische Strahlenbelastung.

(A) Nur Aussage I ist ableitbar.
(B) Nur Aussage IV ist ableitbar.
(C) Die Aussagen I und II sind ableitbar.
(D) Die Aussagen I, II und III sind ableitbar.
(E) Die Aussagen I, II und IV sind ableitbar.

162)

In der folgenden Graphik sind die relativen Anteile verschiedener Bevölkerungsgruppen an den AIDS-Kranken eines Landes und die z.T. bereits erfolgten, z.T. postulierten Veränderungen dieser Anteile bis 1998 aufgeführt. Zu den Risikogruppen gehören Homosexuelle (A), Drogenabhängige (B) und ihre Kinder sowie Prostituierte (D). Bei den anderen Gruppen handelt es sich um Jugendliche von 15-25 Jahren (C), die Altersgruppe 25-65 Jahre (E) und Übrige (Kinder und Rentner) (F).

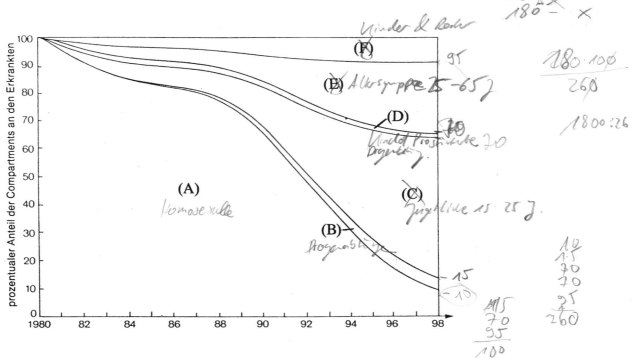

(Q.: M.G.Koch u.a.: Die Epidemiologie von AIDS, in: Spektrum der Wissenschaft 8/1987, S.50.)

Welche der nachfolgenden Aussagen ist gemäß diesen Informationen **falsch**?

(A) Der relative Anteil der Homosexuellen unter den an AIDS Erkrankten geht ständig zurück.

(B) Die Zahl der drogenabhängigen AIDS-Kranken nimmt bis 1998 leicht zu.

(C) Jugendliche zwischen 15 und 25 Jahren lösen allmählich die Homosexuellen als bedeutendste Risikogruppe ab.

(D) Die Durchseuchung breiter Teile der Bevölkerung schreitet allmählich fort. Im Jahre 1998 werden über 80% der AIDS-Kranken aus den Nicht-Risikogruppen kommen.

(E) Der relative Anteil der Prostituierten unter den AIDS-Kranken bleibt über die Jahre weitgehend konstant.

163)

Seit dem II. Weltkrieg hat das Weißbrot in der BRD gegenüber dem traditionellen Vollkornbrot (Grau- oder Schwarzbrot) in der Verkaufsstatistik immer mehr an Boden gewonnen. Weiß- und Vollkornbrote werden aus Mehl unterschiedlichen Ausmahlungsgrades hergestellt. 100% ausgemahlenes Mehl wird zu Vollkornbroten ausgebacken; für Weißbrote werden dagegen 70-75% ausgemahlene Mehle verwendet, d.h. aus 100 kg Getreide entstehen nur 70-75 kg Mehl. Diese hellen Mehle entstehen durch mehrfaches Aussieben des Mahlgutes, wobei besonders der Keim und die Aleuronschicht entfernt werden. Dies hat Folgen z.B. für den Vitamingehalt des Mehles. In der nebenstehenden Graphik ist der Vitamingehalt des Mehles in Abhängigkeit vom Ausmahlungsgrad aufgeführt.
(Q.: K.H.Bässler/K.Lang: Vitamine, Darmstadt [2]1981, S.4.)

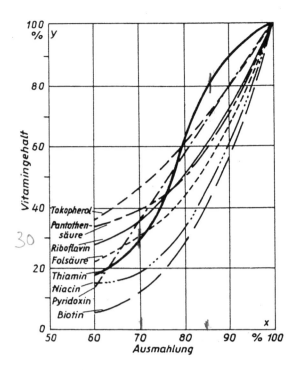

Welche der nachstehenden Aussagen ist/sind aus den hier vorgestellten Informationen **nicht** ableitbar?

(I) Je niedriger der Ausmahlungsgrad des Mehles, desto niedriger ist sein Vitamingehalt.

(II) Der prozentuale Verlust an Biotin ist - je länger das Mahlen des Getreides fortgesetzt wird - von allen Vitaminen am größten.

(III) Zwischen den Ausmahlungsgraden 85% und 70% sinkt insbesondere der Thiamin-Gehalt des Mehles.

(IV) Brote aus einem Mehl mit höherem Ausmahlungsgrad sind gesünder als Brote aus einem Mehl mit niedrigerem Ausmahlungsgrad.

(A) Nur Aussage I ist nicht ableitbar.
(B) Nur Aussage II ist nicht ableitbar.
(C) Nur Aussage III ist nicht ableitbar.
(D) Nur Aussage IV ist nicht ableitbar.
(E) Die Aussagen II und IV sind nicht ableitbar.

164)

Im folgenden sehen Sie die Altersverteilung für männliche und weibliche AIDS-Patienten in den USA im Jahre 1988.

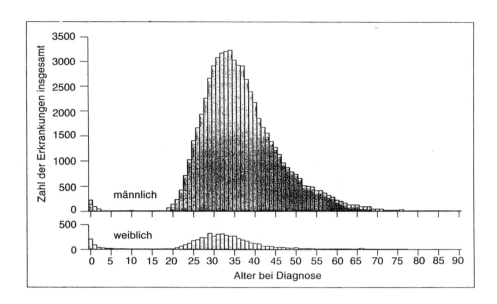

(Q.: W.L.Heyward/J.W.Curren: Die Epidemiologie von AIDS in den USA, in: Spektrum der Wissenschaft 12/1988, S.81.)

Prüfen Sie folgende Aussagen:

(I)   In jedem Alter ist die Zahl der männlichen AIDS-Patienten signifikant größer als die Zahl der weiblichen AIDS-Patienten.
(II) Der größten Ansteckungsgefahr unterliegen Männer zwischen 25 und 45 Jahren.
(III) Je jünger die Kinder, desto höher ist das Infektionsrisiko.
(IV) Männer infizieren sich leichter mit HIV als Frauen.

Welche dieser Aussagen läßt/lassen sich aus der Graphik ableiten?

(A)   Keine der Aussagen ist ableitbar.
(B)   Nur Aussage II ist ableitbar.
(C)   Nur Aussage III ist ableitbar.
(D)   Die Aussagen I, III und IV sind ableitbar.
(E)   Die Aussagen II, III und IV sind ableitbar.

165)

Die folgende Tabelle beschreibt die Bildung des Bruttosozialprodukts und des Volkseinkommens in der Wirtschaftsstatistik (in jeweiligen Preisen, alle Werte in Mrd. DM).

Jahr	Brutto-inlands-produkt zu Markt-preisen	Saldo der Erwerbs- und Ver-mögens-einkom-men mit d. Ausland[1] (+)	Brutto-sozial-produkt zu Markt-preisen (Sozial-produkt)	Abschrei-bungen (−)	Netto-sozial-produkt zu Markt-preisen	Indirekte Steuern (−)	Subven-tionen (+)	Netto-sozial-produkt zu Faktor-kosten (Volksein-kommen)
1976	1 121,7	+4,48	1 126,2	124,3	1 001,9	141,9	22,1	882,2
1977	1 197,8	+1,38	1 199,2	133,0	1 066,2	152,5	24,6	938,3
1978	1 285,3	+6,28	1 291,6	143,5	1 148,1	167,6	29,7	1 010,2
1979	1 392,3	+4,30	1 396,6	156,6	1 240,0	183,2	31,1	1 087,9
1980	1 478,9	+6,26	1 485,2	173,7	1 311,5	193,4	30,5	1 148,6
1981	1 540,9	+4,17	1 545,1	188,6	1 356,5	198,3	29,1	1 187,3
1982	1 597,9	−0,82	1 597,1	201,1	1 396,0	201,9	29,4	1 223,5
1983	1 674,8	+ 5,56	1 680,4	211,4	1 469,0	214,5	31,8	1 286,2
1984	1 755,8	+14,06	1 769,9	222,0	1 547,9	226,5	36,2	1 357,9
1985	1 831,9	+13,75	1 845,6	231,8	1 613,8	230,3	37,8	1 421,3
1986	1 937,0	+11,85	1 948,8	240,2	1 708,6	236,4	41,2	1 513,4
1987	2 012,6	+10,58	2 023,2	249,7	1 773,5	245,7	43,6	1 571,4

[1] Zwischen Inländern und der übrigen Welt

(Q.: Bundesministerium für Wirtschaft (Hg.): Leistung in Zahlen '87, Bonn 1988, S.34.)

Welche der nachstehenden Aussagen läßt sich aus dieser Tabelle heraus belegen?

(A) Das Volkseinkommen ergibt sich als Summe aus dem Bruttosozialprodukt und den Subventionszahlungen nach Abzug von Abschreibungen und Steuern.

(B) Der prozentuale Anstieg der Subventionen war im dokumentierten Zeitraum größer als der der Abschreibungen.

(C) Das Bruttosozialprodukt war im dokumentierten Zeitraum immer größer als das Bruttoinlandsprodukt.

(D) 1982 erreichte das Saldo der Erwerbs- und Vermögenseinkommen mit dem Ausland seinen absoluten Tiefpunkt.

(E) Von Nicht-Inländern ins Ausland transferierte Gelder werden nicht auf das Saldo der Erwerbs- und Vermögenseinkommen mit dem Ausland angerechnet.

166)

Die Höhe der maximalen Sauerstoffaufnahme ist ein Maß für die Leistungsfähigkeit des menschlichen Organismus. In der folgenden Graphik wird die durchschnittliche maximale Sauerstoffaufnahme männlicher und weiblicher Personen in Abhängigkeit von ihrem Alter beschrieben.

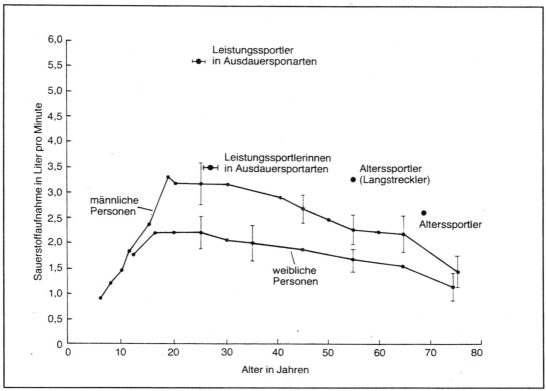

(Q.: W. Hollmann u.a.: Die aerobe Leistungsfähigkeit - Aspekte von Gesundheit und Sport, in: Spektrum der Wissenschaft 8/1986, S.50.)

Welche der folgenden Aussagen sind hieraus **nicht** ableitbar?

(A) Weibliche Personen erreichen durchschnittlich zwischen dem 14. und dem 16. Lebensjahr die maximale organische Leistungsfähigkeit (= das Maximum der Sauerstoffaufnahme), Männer etwa mit dem 19. Lebensjahr.

(B) Mit dem 60. Lebensjahr hat ein untrainierter Mann durchschnittlich etwa 1/3, eine untrainierte Frau etwa 1/4 der früheren organischen Leistungsfähigkeit eingebüßt.

(C) Männer sind im Durchschnitt ausdauernder als Frauen.

(D) Jenseits des 30. Lebensjahres nimmt die maximale Sauerstoffaufnahme allmählich ab.

(E) Bei trainierten Personen ist die maximale Sauerstoffaufnahme - auch in hohem Alter - größer als bei untrainierten Personen.

167)

Bei der Erforschung der Ursachen der verschiedenen Krebsarten untersuchte man auch die diesbezügliche Bedeutung der Ernährung. In der folgenden Graphik wurden die Daten für den Fettverzehr pro Kopf der Bevölkerung in verschiedenen Ländern korreliert mit der Zahl der Todesfälle durch Brustkrebs in diesen Ländern.

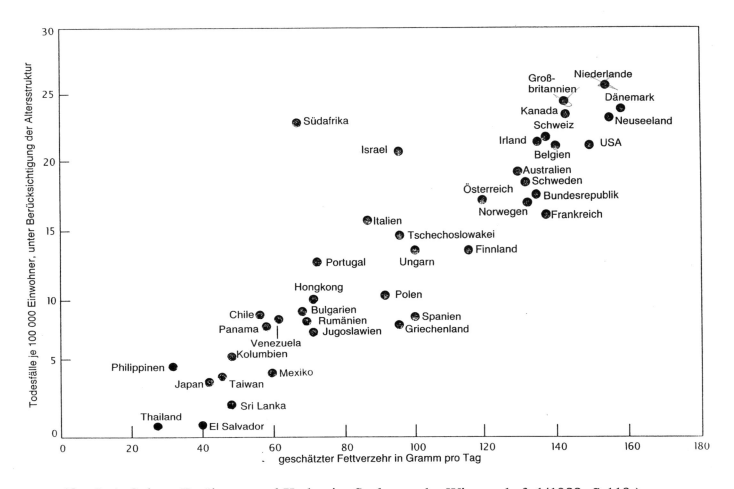

(Q.: L.A.Cohen: Ernährung und Krebs, in: Spektrum der Wissenschaft 1/1988, S.110.)

Welche der nachstehenden Aussagen sind gemäß den hier präsentierten Informationen korrekt?

(I) Zwischen der Zahl der Todesfälle durch Brustkrebs und der Höhe des täglichen Fettverzehrs besteht für die meisten hier vorgestellten Länder ein annähernd linearer Zusammenhang.

(II) Großbritannien und die Niederlande verzeichnen unter den hier angegebenen Ländern die höchste Todesrate durch Brustkrebs.

(III) In Schweden wird insgesamt mehr Fett verzehrt als in Österreich.

(IV) Das Risiko, an Brustkrebs zu sterben, ist in Israel etwa viermal so hoch wie in Kolumbien.

(A) Die Aussagen I und II sind korrekt.
(B) Die Aussagen I und IV sind korrekt.
(C) Die Aussagen I, II und III sind korrekt.
(D) Die Aussagen I, II und IV sind korrekt.
(E) Alle Aussagen sind korrekt.

168)

Im folgenden sehen Sie die Ergebnisse zweier Blutdruckmessungen, links an einem Patienten in Ruhe, rechts nach 10 Kniebeugen. Systolischer und diastolischer Druck lassen sich in beiden Fällen deutlich unterscheiden.

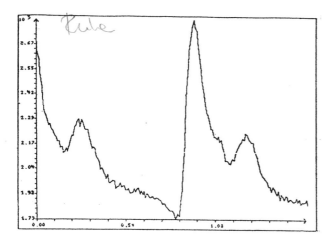 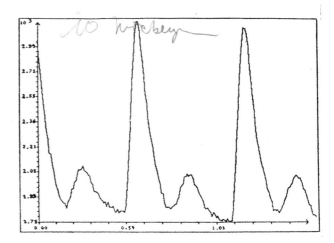

(Q.: F.T.Ernst/M.ten Hompel: Blutdruckmessung mittels Sensors, in: Spektrum der Wissenschaft 7/1988, S.32.)

Welche der folgenden Aussagen sind gemäß den vorliegenden Informationen korrekt?

(I)   Die Frequenz des Belastungspulses ist höher als die des Ruhepulses.
(II) Die Amplitude des Belastungspulses ist größer als die des Ruhepulses.
(III) Der systolische Druck ist immer größer als der diastolische Druck.
(IV) Der Pulsdruck des Belastungspulses ist größer als der des Ruhepulses.

(A)   Die Aussagen I und II sind korrekt.
(B)   Die Aussagen I und IV sind korrekt.
(C)   Die Aussagen I, II und III sind korrekt.
(D)   Die Aussagen I, II und IV sind korrekt.
(E)   Alle Aussagen sind korrekt.

169)

HIV befällt bevorzugt die T4-Zellen des menschlichen Immunsystems. Eine AIDS-Erkrankung müßte sich daher in einem stetigen Absinken der T4-Zellzahl äußern, die bei gesunden Menschen normalerweise im Durchschnitt bei etwa 800 Zellen pro Milliliter liegt. Im folgenden sehen Sie anhand der T4-Zellzahl den typischen Verlauf einer AIDS-Erkrankung, beginnend ca. 3 Monate nach der Infektion mit HIV.

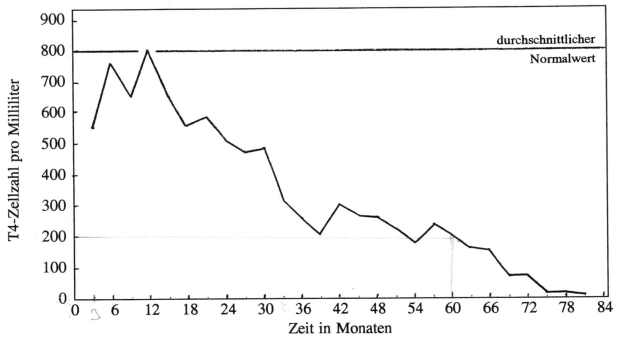

(Q.: R.R.Redfield/D.S.Burke: Das klinische Bild der HIV-Infektion, in: Spektrum der Wissenschaft 12/1988, S.103.)

Welche der folgenden Aussagen ist/sind demnach korrekt?

(I)   Ab dem 32.Monat blieb die T4-Zellzahl dauerhaft unter 400/ml.
(II) Nach einem anfänglichen Abfall erholte sich die T4-Zellzahl des Patienten wieder und erreichte 12 Monate nach der Infektion wieder den früheren Normalwert.
(III) Erst nach dem 12.Monat nahm die T4-Zellzahl stetig ab.
(IV) Ab dem 60.Monat betrug die T4-Zellzahl des Patienten weniger als ein Viertel des durchschnittlichen Normalwertes.

(A)   Nur Aussage I ist korrekt.
(B)   Die Aussagen I und II sind korrekt.
(C)   Die Aussagen I und IV sind korrekt.
(D)   Die Aussagen I, II und IV sind korrekt.
(E)   Alle Aussagen sind korrekt.

170)

Vorsorgeuntersuchungen auf Brustkrebs sollten die Erkrankung manchmal aufdecken können, bevor der Tumor Metastasen gebildet hat. In einer Studie wurde das Schicksal von 62.000 Frauen im Alter zwischen 40 und 64 Jahren verfolgt. Sie wurden nach dem Zufallsverfahren in eine Test- und eine Kontrollgruppe eingeteilt. Den Frauen der Testgruppe wurde eine jährliche kostenlose Untersuchung zur Früherkennung von Brustkrebs angeboten. Die Ergebnisse sind im folgenden dargestellt.

		Anzahl an Frauen in jeder Gruppe	Todesfälle infolge anderer Ursachen in den ersten fünf Jahren		Brustkrebs-Diagnose in den ersten fünf Jahren		Todesfälle infolge Brustkrebs in den ersten neun Jahren	
			Zahl	Todesfälle pro 1000 Frauen	Zahl	Häufigkeit pro 1000 Frauen	Zahl	Todesfälle pro 1000 Frauen
Testgruppe	untersucht	20 800	421	20	225	11	63	3,0
	verweigert	10 200	429	42	74	7	28	2,8
	insgesamt	31 000	850	27	299	10	91	2,9
Kontrollgruppe	insgesamt	31 000	877	28	285	9	128	4,1

(Q.: J.Cairns: Der Kampf gegen Krebs, in: Spektrum der Wissenschaft 1/1986, S.48.)

Welche der nachstehenden Aussagen trifft/treffen gemäß dem Vorstehenden zu?

(I) In den 9 Jahren nach Beginn der Studie starben in der Testgruppe signifikant weniger Frauen als in der Kontrollgruppe.

(II) Die Sterblichkeitsrate für Brustkrebs lag bei den Frauen, die die Vorsorgeuntersuchungen ablehnten, etwas unter dem Durchschnitt der Testgruppe.

(III) 1946 der von der Studie erfaßten Frauen sind in den ersten 9 Jahren nach ihrem Beginn verstorben.

(IV) Frauen, die Vorsorgeuntersuchungen meiden, haben ein geringeres Brustkrebsrisiko als die Frauen, die an ihnen teilnehmen.

(A) Die Aussagen I und II treffen zu.
(B) Die Aussagen I und III treffen zu.
(C) Die Aussagen II und IV treffen zu.
(D) Die Aussagen I, II und III treffen zu.
(E) Alle Aussagen treffen zu.

171)

Die sog. "Düsseldorfer Tabelle" legt den Unterhalt fest, den unterhaltspflichtige Elternteile ihren Kindern aus geschiedenen Ehen oder nichtehelichen Verhältnissen zahlen müssen. Sie ist nach dem Einkommen des Unterhaltspflichtigen und dem Alter der unterhaltsberechtigten Kinder gestaffelt.

Einkommen in DM	Alter bis 6 Jahre	Alter bis 12 Jahre	Alter bis 18 Jahre
bis 2300	291	353	418
2300-2600	310	375	445
2600-3000	335	405	480
3000-3500	370	450	530
3500-4100	410	495	590
4100-4800	450	545	650
4800-5700	500	605	720
5700-6700	550	665	790
6700-8000	600	730	860

Die Angaben gelten für die Unterhaltspflicht gegenüber zwei Kindern. Bei einer größeren oder kleineren Kinderzahl verändern sich die Sätze. Für Einkommen über 8000 DM existiert keine feste Regelung.

Welche der nachstehenden Aussagen ist den gegebenen Informationen zufolge **falsch**?

(I) Mit zunehmendem Einkommen des unterhaltspflichtigen Elternteils steigt kontinuierlich der Unterhaltssatz.
(II) 17jährige unterhaltsberechtigte Kinder erhalten mehr Unterhalt als 5jährige.
(III) Der Unterhaltssatz ist bei gegebenem Einkommen des unterhaltspflichtigen Elternteils abhängig von der Altersgruppe des unterhaltsberechtigten Kindes.
(IV) Mancher 6jähriger erhält mehr Unterhalt als einige 15jährige Kinder.

(A) Nur Aussage I ist falsch.
(B) Nur Aussage II ist falsch.
(C) Nur Aussage III ist falsch.
(D) Die Aussagen I und II sind falsch.
(E) Die Aussage I, III und IV sind falsch.

172)

Ein Lauftest zeigt den Druck, der vom nackten Fuß eines Läufers auf einer harten Oberfläche im Zeitraum von etwa 500 ms nach dem Bodenkontakt erzeugt wird. Die Höhe der Kurven ist proportional dem Berührungsdruck. Von Bild 1 bis Bild 6 nimmt dabei die Geschwindigkeit des Läufers zu.

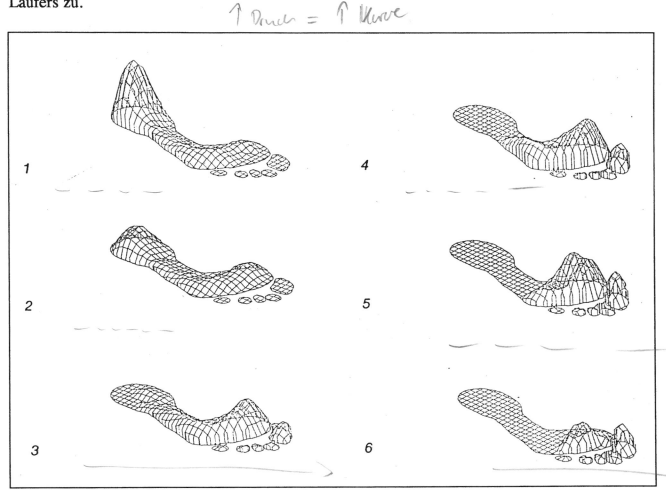

(Q.: Ch.R.Kyle: Wettkampfausrüstungen im Leistungssport, in: Spektrum der Wissenschaft 6/1986, S.91.)

Welche der nachstehenden Aussagen ist gemäß den vorliegenden Informationen **nicht** korrekt?

(I)   Mit wachsender Geschwindigkeit des Läufers wandert das Zentrum des Fuß-Druckpunktes beim Bodenkontakt nach vorn.

(II) Mit wachsender Geschwindigkeit des Läufers erhöht sich die maximal wirkende Kraft beim Bodenkontakt des Fußes.

(III) Mit wachsender Geschwindigkeit des Läufers bewegt sich das Zentrum des Fuß-Druckpunktes beim Aufsetzen zunehmend zur Mittellinie des Fußes hin.

(IV) Mit wachsender Geschwindigkeit des Läufers verringert sich die Kontaktfläche des Fußes mit dem Boden.

(A)   Nur Aussage I ist nicht korrekt.
(B)   Nur Aussage II ist nicht korrekt.
(C)   Nur Aussage III ist nicht korrekt.
(D)   Nur Aussage IV ist nicht korrekt.
(E)   Keine der Aussagen ist nicht korrekt.

173)

HIV befiel zu Beginn seiner Verbreitung in den USA die verschiedenen Gruppen der Bevölkerung höchst unterschiedlich. Im folgenden sind die prozentualen Anteile verschiedener amerikanischer Bevölkerungsgruppen an den AIDS-Fällen bis zum 04.07.1988 aufgeführt (jeweils links Erwachsene und rechts Kinder). Unterschieden werden nicht-drogenabhängige homosexuelle oder bisexuelle Männer (A), heterosexuelle Fixer (B), homosexuelle oder bisexuelle Fixer (C), Menschen mit Hämophilie oder anderen Blutgerinnungsstörungen (D), heterosexuelle Männer und Frauen (E), Empfänger von Blutransfusionen oder Blutprodukten (F), Kinder von Müttern mit AIDS oder erhöhtem AIDS-Risiko (G) sowie Menschen mit sonstigen oder unbestimmten Ansteckungsursachen (H).

Gruppe	Erwachsene	Kinder
A	63%	--
B	19%	--
C	07%	--
D	01%	06%
E	04%	--
F	03%	13%
G	--	78%
H	03%	04%

(Q.: W.L.Heyward/J.W.Curren: Die Epidemiologie von AIDS in den USA, in: Spektrum der Wissenschaft 12/1988, S.81.)

Welche der folgenden Aussagen zur anfänglichen AIDS-Verbreitung in den USA ist/sind gemäß den vorstehenden Informationen korrekt?

(I) Drogenabhängige und nicht-drogenabhängige homo- oder bisexuelle Männer stellten zusammen 89% aller AIDS-Fälle unter den Erwachsenen.

(II) Mehr als 3/4 aller AIDS-kranken Kinder sind durch den Kontakt mit ihren Müttern infiziert worden.

(III) Das Risiko, sich durch Bluttransfusionen mit HIV zu infizieren, war bei Kindern größer als bei Erwachsenen.

(IV) Zu den zahlenmäßig größten Risikogruppen gehörten homo- oder bisexuelle Männer sowie Kinder von Müttern mit AIDS oder erhöhtem AIDS-Risiko.

(A) Keine Aussage ist korrekt.
(B) Nur Aussage I ist korrekt.
(C) Nur Aussage II ist korrekt.
(D) Nur Aussage IV ist korrekt.
(E) Die Aussagen I und III sind korrekt.

174)

In der folgenden Tabelle sind die prozentualen Anteile verschiedener Baumarten - von Laubbäumen wie Eiche oder Buche und von Nadelbäumen wie Fichte oder Kiefer - eines Waldgebietes in der BRD und ihre Altersklassenzugehörigkeit dargestellt.

Baumart	Alterklassen							Anteile in %
	0-19	20-39	40-59	60-79	80-99	100-119	>119	
Eiche	5,0	4,0	2,0	1,5	2,5	0,5	2,5	
Buche	3,0	6,0	2,0	2,5	3,6	2,5	3,5	
Kiefer	12,0	13,0	6,0	4,5	2,4	0,2	0,0	
Fichte	4,0	11,0	2,5	1,5	1,6	0,3	0,0	

Welche der nachstehenden Schlußfolgerungen ist/sind gemäß der vorliegenden Tabelle korrekt?

(I) Seit dem II. Weltkrieg wurden in diesem Waldgebiet überwiegend Nadelbäume angepflanzt.
(II) Zwei Drittel der Bäume sind weniger als 40 Jahre alt.
(III) Vor hundert und mehr Jahren wurden noch überwiegend Laubbäume gepflanzt.
(IV) Kiefern stellen den größten Teil des Baumbestandes.

(A) Die Schlußfolgerungen I und II sind korrekt.
(B) Die Schlußfolgerungen I und IV sind korrekt.
(C) Die Schlußfolgerungen II und III sind korrekt.
(D) Die Schlußfolgerungen II und IV sind korrekt.
(E) Die Schlußfolgerungen I, III und IV sind korrekt.

175)
Beim Einströmen in eine Muskelzelle regt Calcium diese zur Kontraktion an. Leistungsfähige Transportsysteme müssen Calcium daher nicht nur rasch freisetzen, sondern auch rasch wieder aus dem Cytosol (Zellflüssigkeit) entfernen können, damit der Muskel wieder erschlafft. Zwei Wege stehen dazu zur Verfügung, das Ein- bzw. Ausschleusen des Calciums durch die Zellmembran mittels der calciumpumpenden ATPase oder Natrium-Calcium-Austauschern und die Aufnahme bzw. Abgabe über die Membran spezieller Speicherorganellen im Innern der Zelle (z.B. sarkoplasmatische Retikula oder Mitochondrien). In der folgenden Tabelle sind die Flächen der verschiedenen Calcium-transportierenden Membrane einer Herzmuskelzelle und ihre Leistungsfähigkeit bzgl. der Calcium-Aufnahme in Abhängigkeit von der Calcium-Konzentration im Cytosol aufgeführt.

Membran (Calcium transportierendes System)	Prozent der gesamten Calcium transportierenden Membranfläche	Konzentration in Mikromol pro Liter		
		0,1	1	10
		Prozent der gesamten Calcium-Aufnahme		
Zelloberfläche	0,8			
(Calcium pumpende ATPase)		3,6	0,2	0,07
(Natrium-Calcium-Austauscher)		27	3	1,9
sarkoplasmatisches Retikulum (Calcium pumpende ATPase)	12,1	69	90	47
Mitochondrium (Uniporter)	87	0	6,4	51

(Q.: E.Carafoli/J.T.Penniston: Das Calcium-Signal, in: Spektrum der Wissenschaft 1/1986, S.83.)

Welche der folgenden Aussagen läßt/lassen sich **nicht** belegen?

(I) Für die Senkung der Calcium-Konzentration im Cytosol haben die Organellen im angegebenen Meßbereich eine größere Bedeutung als die Zellmembran.

(II) Je höher die Calcium-Konzentration im Cytosol, desto geringer wird anscheinend die Calcium-Aufnahme durch die Zellmembran.

(III) Bei niedriger Calcium-Konzentration im Cytosol (0,1 bzw. 1 mmol/ml) dominiert die Calcium-Aufnahme des sarkoplasmatischen Retikulums, bei höherer Calcium-Konzentration im Cytosol (10 mmol/ml) die der Mitochondiren.

(IV) Bei einer Calcium-Konzentration von 1 μmol/l im Cytosol ist die Leistungsfähigkeit des sarkoplasmatischen Retikulums am größten.

(A) Nur Aussage IV ist nicht belegbar.
(B) Die Aussagen I und II sind nicht belegbar.
(C) Die Aussagen I und IV sind nicht belegbar.
(D) Die Aussagen II und III sind nicht belegbar.
(E) Die Aussagen II und IV sind nicht belegbar.

176)

Die in Kliniken verwendeten Nomogramme (Diagramme, in denen Gewicht und Größe einander zugeordnet und beide wiederum mit dem Körperfettgehalt in Bezug gesetzt werden) zeigen das Mindestgewicht an, das eine Frau bei einer bestimmten Körpergröße erreichen muß, um normale Menstruationszyklen zu haben. Wieviel sie noch oberhalb dieses Schwellenwertes zunehmen muß, ist individuell verschieden und nicht vorhersagbar. Die 10-Percentil-Linie für erste Menstruation bezieht sich auf das für den ersten Menstruationszyklus notwendige Mindestgewicht (10-Percentil bedeutet, daß 90% der untersuchten Mädchen zu diesem Zeitpunkt bereits mehr Körperfett besaßen). Die fünf oberen Diagonalen sind die Percentil-Linien des Gesamtkörperwassers und drücken dessen jeweilige Anteile am Körpergewicht aus. Die 10-Percentil-

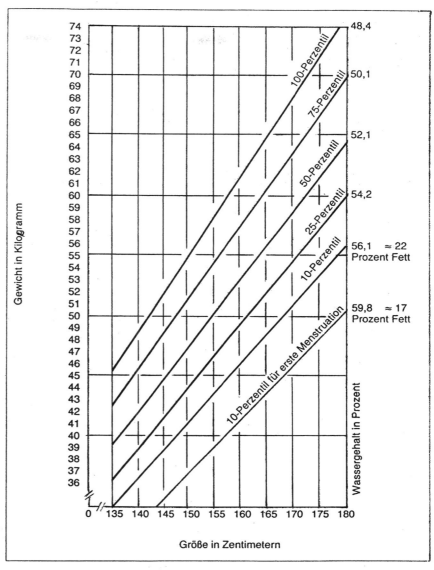

Linie zeigt an, welcher Schwellenwert erreicht werden muß, um eine sekundäre Amenorrhöe - das Ausbleiben der Menstruation - bei einer geschlechtsreifen Frau rückgängig zu machen. Die 50-Percentil-Linie zeigt das Idealgewicht geschlechtsreifer Frauen an.
(Q.: R.E.Frisch: Fett, Fitneß und Fruchtbarkeit, in: Spektrum der Wissenschaft 5/1988, S.69.)

Welche der folgenden Aussagen ist gemäß dem Vorstehenden **nicht** korrekt?

(A) Ein amenorrhöeische Frau mit einer Körpergröße von 165 cm muß ein Gewicht von etwa 48-49 kg erreichen, damit der Menstruationszyklus wieder einsetzt.
(B) Ein Mädchen mit einer Körpergröße von 165 cm muß ein Mindestgewicht von ca. 44 kg erreichen, um erstmals zu menstruieren.
(C) Das Idealgewicht einer 150 cm großen Frau beträgt 47-48 kg.
(D) Bei 90% der amenorrhöeischen Frauen setzt beim Überschreiten der 10-Percentil-Linie der Menstruationszyklus wieder ein.
(E) Mit zunehmendem Fettgehalt des Körpers sinkt der prozentuale Anteil des Wassers am gesamten Körpergewicht.

177)

Zwei Schädlingsarten A und B sind direkte Nahrungskonkurrenten. Im folgenden sind die relativen Populationsgrößen der beiden Schädlinge bei unterschiedlichen Umgebungsbedingungen aufgeführt.

Umgebungsbedingungen		relative Anteile der Populationen		relative Zahl der Individuen beider Arten
T (°C)	relative Luftfeuchtigkeit (%)	von A	von B	
20	80	1	99	0,96
20	40	70	30	0,45
25	80	20	80	0,83
25	40	85	15	0,60
30	80	35	65	0,41
30	40	97	3	0,78
35	80	50	50	0,10
35	40	99	1	0,85

Welche der nachstehenden Aussagen läßt/lassen sich aus der Tabelle belegen?

- (I) A überwiegt bei trockenem, heißen Klima, B in feuchten und kühlen Umgebungen.
- (II) A kann sich besser einer feuchten und kühleren Umgebung anpassen als B einem trockenen und heißeren Klima.
- (III) In einem feuchtheißen Klima gedeihen beide Arten nicht besonders.
- (IV) Bei 20°C und 80% relativer Luftfeuchtigkeit ist die relative Populationsgröße beider Arten zusammengenommen maximal.

- (A) Die Aussagen I und II lassen sich belegen.
- (B) Die Aussagen II und IV lassen sich belegen.
- (C) Die Aussagen I, II und III lassen sich belegen.
- (D) Die Aussagen I, II und IV lassen sich belegen.
- (E) Alle Aussagen lassen sich belegen.

178)

Wie gut eine Substanz allein aufgrund ihrer chemischen Eigenschaften die Blut-Hirn-Schranke durchbrechen kann, hängt weitgehend von ihrer Fettlöslichkeit ab. Dieses läßt sich abschätzen, indem man mißt, wie sich die Substanz in einem Wasser-Öl-Gemisch auf die beiden Lösungsmittel verteilt. Je größer dieser Verteilungskoeffizient ist, desto bevorzugter löst sich die betreffende Substanz in Öl. Im folgenden Diagramm ist dieser Verteilungskoeffizient mit dem jeweiligen relativen Eindringvermögen korreliert worden.

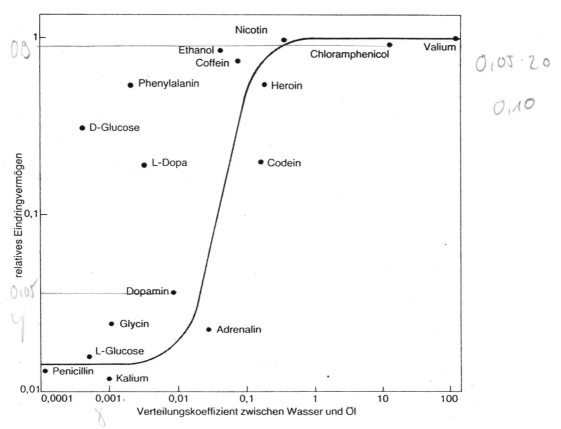

(Q.: G.W.Goldstein/L.A.Betz: Die Blut-Hirn-Schranke, in: Spektrum der Wissenschaft 11/1986, S.86.)

Welche der nachstehenden Aussagen ist/sind aus dem Diagramm zu belegen?

(I) Das relative Eindringvermögen von D-Glucose ist größer als allein aufgrund ihrer Fettlöslichkeit zu erwarten wäre.

(II) Von den hier untersuchten Substanzen durchbrechen Valium und Nicotin am besten die Blut-Hirn-Schranke.

(III) Das relative Eindringvermögen von Chloramphenicol ist rund 20mal größer als die von Dopamin.

(IV) Kalium löst sich ca. 1000mal besser in Wasser als in Öl.

(A) Die Aussagen II und III lassen sich belegen.
(B) Die Aussagen III und IV lassen sich belegen.
(C) Die Aussagen I, II und III lassen sich belegen.
(D) Die Aussagen I, II und IV lassen sich belegen.
(E) Alle Aussagen lassen sich belegen.

Bitte umblättern und sofort weiterarbeiten

179)

Die lokale Strahlungsbilanz der Erde ändert sich in Abhängigkeit von der Bewölkung, die die Reflexion sowohl der kurzwelligen solaren Strahlung als auch der langwelligen Energieabstrahlung des Erdbodens verringern oder vergrößern kann. Die Energien der solaren bzw. terristrischen Strahlung können dabei näherungsweise konstant gesetzt werden. In der folgenden Tabelle ist der Strahlungsbilanz (+ = Energieaufnahme, − = Energieverlust) am Oberrand der Erdatmosphäre die Strahlungsbilanz am Erdboden gegenübergestellt, jeweils bei wolkenfreiem Himmel (A), bei optisch dicken Wasserwolken in 2 km Höhe (B) und bei optisch dünnen Eiswolken in 10 km Höhe (C) (alle Werte in W/m^2).

Bedingung	Strahlungsbilanz am Oberrand der Erdatmosphäre				Nettobilanz
	solare Strahlung		langwellige Strahlung		
A	+406	−107	0	−283	+16
B	+406	−249	0	−272	−115
C	+406	−140	0	−234	+32

Bedingung	Strahlungsbilanz am Erdboden				Nettobilanz
	solare Strahlung		langwellige Strahlung		
A	+241	−48	+346	−423	+116
B	+57	−11	+407	−423	+30
C	+212	−43	+353	−423	+99

(Q.: J.Schmetz/E.Raschke: Bewölkung und Strahlenhaushalt der Erde, in: Spektrum der Wissenschaft 1/1986, S.99.)

Welche der folgenden Aussagen ist **falsch**?

(A) Beide Wolkenarten bewirken eine Reduktion der am Erdboden ankommenden solaren Strahlung.

(B) Optisch dicke Wasserwolken in niedrigen Höhen führen zu einer Verschlechterung der lokalen Netto-Strahlungsbilanz des Systems Erde-Atmosphäre.

(C) Optisch dünne Eiswolken in großen Höhen verbessern im Vergleich zum wolkenfreien Himmel die lokale Netto-Strahlungsbilanz der Erde und ihrer Atmosphäre.

(D) Beide Wolkenarten erhöhen die langwellige Rückstrahlung aus der Atmosphäre zum Erdboden.

(E) Optisch dünne Eiswolken in großen Höhen bewirken eine nur unwesentliche Verschlechterung der lokalen Netto-Strahlungsbilanz des Systems Erde-Atmosphäre.

180)

Das nebenstehende Diagramm dokumentiert schematisch die Druck-Volumen-Arbeit der linken Herzkammer in Ruhe (1-2-3-4-1) und bei Anstrengung (1-2-3a-4a-1). Punkt 1 beschreibt den Zustand kurz vor der Systole, nachdem während der vorangegangenen Diastole Blut in die Kammer eingeströmt ist, Punkt 2 den Zustand nach der Kontraktion der Kammer während des Öffens der Aortenklappe (Systole). Punkt 3 bzw. 3a zeigt den Zustand in der linken Herzkammer nach Ausströmen eines Großteils des sich ursprünglich in der Kammer befindlichen Blutes vor dem Schließen der Aortenklappe (das sog. endsystolische Volumen bzw. den sog. endsystolischen Druck) und Punkt 4 bzw. 4a den Zustand nach der Dehnung der Kammerwände vor dem Öffnen der Klappen zum Vorhof und vor dem erneuten Einströmen von Blut (Diastole).
(Q.: Th.F.Robinson u.a.: Das Herz als Saugpumpe, in: Spektrum der Wissenschaft 2/1988, S.107.)

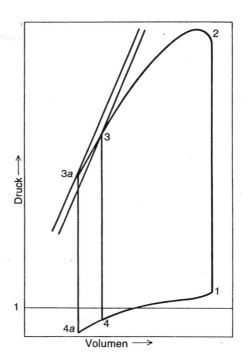

Welche der folgenden Aussagen ist/sind aus der Graphik ableitbar?

(I) Bei Anstrengung entleert sich das Herz stärker, so daß sich endsystolischer Druck und endsystolisches Volumen gegenüber dem Ruhezustand verringern.

(II) Das Verhalten der Druck-Volumen-Kurve zu Beginn der Systole zeigt, daß die Komprimierbarkeit von Blut nahezu Null ist.

(III) Bei der Diastole liegt ein Unterdruck in der Kammer vor, der beim Öffnen der Vorhofklappen für das Einströmen des Blutes in die geleerte Kammer sorgt.

(A) Nur Aussage I ist ableitbar.
(B) Die Aussagen I und II sind ableitbar.
(C) Die Aussagen I und III sind ableitbar.
(D) Die Aussagen II und III sind ableitbar.
(E) Alle Aussagen sind ableitbar.

181)

Im Arbeiterviertel einer deutschen Stadt wurden zu Beginn dieses Jahrhunderts die Wohnverhältnisse der hier lebenden Familien untersucht. Die Ergebnisse der Untersuchung wurden in folgender Tabelle festgehalten.

Zahl der Personen pro Wohnung	Zahl der Wohnräume pro Wohnung							Zahl der Wohnungen insgesamt
	1	2	3	4	5	6	>6	
1	20	10	3	1	-	-	-	34
2	4	22	20	8	1	-	-	55
3	4	31	34	14	4	4	-	91
4	-	20	30	22	6	1	1	80
5	-	12	23	10	3	4	2	54
6	-	8	10	5	1	-	-	24
7	-	2	7	2	-	1	1	13
8	-	-	5	2	1	-	-	8
>8	-	-	1	1	-	-	-	2
Zahl der Wohnungen insgesamt	28	105	133	65	16	10	4	361

Welche der folgenden Aussagen kann aus dieser Tabelle heraus **nicht** belegt werden?

(A) Mehr als ein Drittel aller hier untersuchten Wohnungen hatten weniger als drei Räume.
(B) In fast der Hälfte aller hier untersuchten Wohnungen lebten weniger als vier Personen.
(C) Alleinstehende machten ca. 9,42% der hier untersuchten Population aus.
(D) Die Wohnungen der Alleinstehenden verfügten im Untersuchungszeitraum durchschnittlich über ca. 1,5 Wohnräume.
(E) Die Anzahl der Wohnräume pro Person war im Untersuchungszeitraum bei Alleinstehenden größer als bei Zweipersonenhaushalten.

182)

Die Frequenz des menschlichen Pulses ist abhängig von der Arbeitsintensität und der Arbeitsdauer. Dabei wird die höchste Arbeitsintensität, die eine Person über mehrere Stunden ohne einen langsamen Anstieg der Pulsfrequenz während der Arbeit und ohne eine Vergrößerung der Erholungspulssumme leisten kann, als Dauerleistungsgrenze dieser Person bezeichnet. Die nachstehenden Diagramme zeigen das Verhalten der Pulsfrequenz bei ein und derselben Versuchsperson während und nach Ergometerarbeit von jeweils verschiedener Dauer und Intensität. Der Maßstab der Pulsfrequenz gibt die Erhöhung über den Ruheausgangswert an, die dunklen Flächen unter den auslaufenden Kurven die Erholungspulssumme.

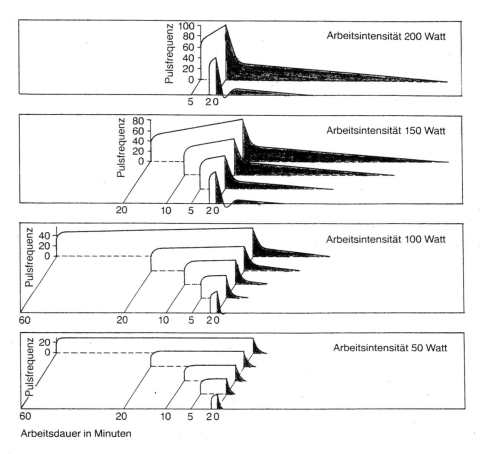

(Q.: W.Hoffmann u.a.: Die aerobe Leistungsfähigkeit - Aspekte von Gesundheit und Sport, in: Spektrum der Wissenschaft 8/1986, S.51.)

Welche der folgenden Aussagen ist **nicht** korrekt?

(A) Mit zunehmender Dauer der Belastung vergrößert sich die Erholungspulssumme.
(B) Bei hohen Arbeitsintensitäten kann die Frequenz des Erholungspulses negativ werden.
(C) Unterhalb einer bestimmten Belastungsschwelle bleibt die Pulsfrequenz unabhängig von der Arbeitsdauer nahezu konstant.
(D) Eine Erhöhung der Arbeitsdauer macht sich sowohl hinsichtlich der maximalen Pulsfrequenz als auch bzgl. der Erholungspulssumme weniger stark bemerkbar als eine Erhöhung der Arbeitsintensität.
(E) Die Dauerleistungsgrenze der Versuchsperson liegt offenbar zwischen 50 und 100 Watt.

183)

Eine Input-Output-Analyse gestattet es, die drei Sektoren der Wirtschaft eines Staates (I = Primärer Sektor, v.a. die Landwirtschaft, II = Sekundärer Sektor, d.h. Industrie und Gewerbe, III = Tertiärer Sektor, also Transport, Handel und Dienstleistungen) ihrer Bedeutung gemäß einander gegenüberzustellen. Hierzu korreliert man tabellarisch die relativen Anteile des Wertes der Gesamtleistung der einzelnen Sektoren (x = Output) mit den relativen Anteilen des Wertes des jeweiligen internen Verbrauchs der einzelnen Sektoren (y = Input). Dies geschieht, indem man für jeden Sektor die relative Verteilung seiner Produktion auf alle drei Sektoren ermittelt und gegeneinander aufträgt. Umgekehrt gewinnt man dadurch einen Eindruck von den relativen Anteilen der Produktion der drei Sektoren, die von einem einzelnen Sektor verbraucht wird. Für einen fiktiven Staat mit ausgeglichener Wirtschaftsstruktur, bei dem Input und Output der drei Sektoren insgesamt gleich groß sind, ist folgende Input-Output-Analyse erstellt worden.

	x(I)	x(II)	x(III)
y(I)	0,2	0,1	0,4
y(II)	0,3	0,4	0,1
y(III)	0,2	0,3	0,3

Welche der folgenden Aussagen kann aus der Tabelle **nicht** abgeleitet werden?

(A) Wird y(II) größer als die Summe von $0,3 \cdot x(I)$, $0,4 \cdot x(II)$ und $0,1 \cdot x(III)$, arbeitet der Sektor defizitär.

(B) Der primäre Sektor verbraucht wertmässig mehr von der Leistung des Tertiären wie von der des Sekundären Sektors.

(C) Der größte Teil der Produktion des Sekundären Sektors wird innerhalb des Sekundären Sektors selbst verbraucht.

(D) Wenn x(III) genauso groß ist wie y(III), ist die Bilanz des Tertiären Sektors ausgeglichen, d.h. er verbraucht wertmäßig genausoviel wie er produziert.

(E) Wenn y(II) kleiner als x(II) ist, kann der Sekundäre Sektor Gewinne verbuchen.

184)

Die alterspezifischen Geburtenziffern geben die Zahl der Lebendgeborenen pro 1000 Frauen im jeweiligen Alter und Kalenderjahr an. In der folgenden Darstellung lassen sich die Geburtenziffern den jeweiligen Geburtsjahrgängen oder Kohorten (weiße und schwarze Scheiben) zuordnen.

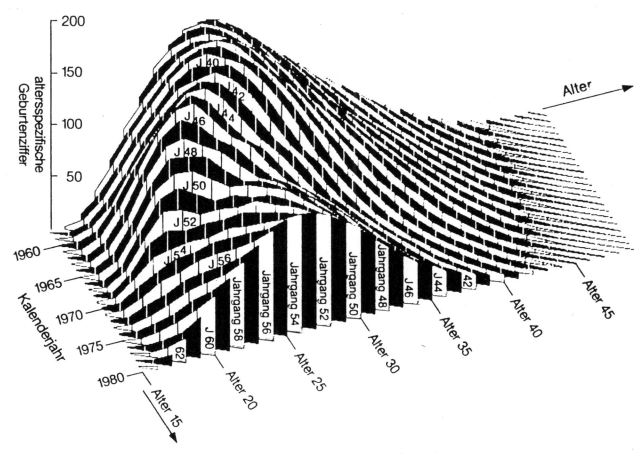

(Q.: H.Birg: Die demographische Zeitenwende, in: Spektrum der Wissenschaft 1/1989, S.42.)

Welche der nachstehenden Aussagen sind aus den vorstehenden Informationen ableitbar?

(I) Seit 1960 ist ein starker Rückgang der jährlichen Geburtenziffern eingetreten.
(II) Ende der 1960er bis Anfang der 1970er Jahre lag das Maximum der alterspezifischen Geburtenziffern bei jüngeren Lebensaltern als direkt davor oder danach.
(III) Bei Frauen des Geburtsjahrganges 1942 lag das Maximum der alterspezifischen Geburtenziffern bei 24-25 Jahren.
(IV) Die Bestimmung der Fertilität (Gebärfreudigkeit, Fruchtbarkeit) der Bevölkerung führt zu unterschiedlichen Ergebnissen, wenn man aus dem Diagramm zum einen die Gesamtgeburtenziffer eines Jahres heranzieht oder zum anderen eine Kohortenanalyse durchführt.

(A) Die Aussagen I und II sind ableitbar.
(B) Die Aussagen I und III sind ableitbar.
(C) Die Aussagen I und IV sind ableitbar.
(D) Die Aussagen I, II und III sind ableitbar.
(E) Alle Aussagen sind ableitbar.

Lösungsschlüssel Teil A

Muster zuordnen

1. D
2. A
3. B
4. E
5. A
6. C
7. B
8. E
9. A
10. E
11. B
12. C
13. D
14. E
15. E
16. C
17. B
18. E
19. A
20. B
21. D
22. D
23. A
24. C

Med.-nat. Grundverständnis

25. C
26. B
27. D
28. A
29. C
30. B
31. D
32. C
33. E
34. C
35. C
36. E
37. E
38. B
39. B
40. E
41. E
42. A
43. A
44. C
45. C
46. A
47. C
48. E

Schlauchfiguren

49. E
50. D
51. A
52. C
53. A
54. A
55. C
56. E
57. D
58. D
59. B
60. C
61. B
62. E
63. C
64. A
65. D
66. E
67. B
68. B
69. C
70. A
71. D
72. E

Quantitative u. formale Probleme

73. D
74. B
75. D
76. C
77. A
78. B
79. B
80. D
81. B
82. C
83. A
84. A
85. B
86. C
87. B
88. D
89. B
90. C
91. A
92. D
93. D
94. D
95. D
96. B

Lösungsschlüssel Teil B

Textverständnis

97	D
98	B
99	D
100	A
101	A
102	C
103	E
104	A
105	D
106	B
107	A
108	D
109	C
110	E
111	C
112	E
113	E
114	D
115	E
116	A
117	B
118	D
119	A
120	B

Figuren lernen

121	D
122	B
123	A
124	B
125	C
126	C
127	D
128	B
129	E
130	C
131	A
132	A
133	D
134	E
135	E
136	C
137	D
138	A
139	A
140	E

Fakten lernen

141	D
142	C
143	E
144	B
145	D
146	A
147	D
148	B
149	C
150	E
151	C
152	D
153	B
154	E
155	B
156	A
157	B
158	D
159	B
160	B

Diagramme und Tabellen

161	C
162	B
163	E
164	A
165	E
166	C
167	D
168	A
169	C
170	A
171	D
172	B
173	A
174	B
175	A
176	D
177	C
178	D
179	A
180	A
181	C
182	B
183	B
184	E

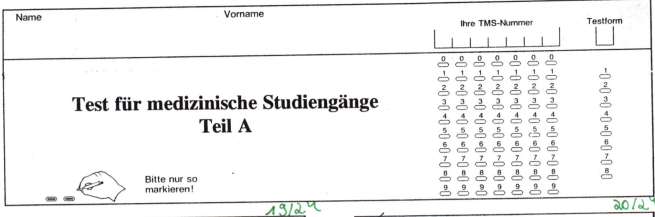

Antwortbogen Teil B

Test für medizinische Studiengänge Teil B

Textverständnis (12/24)

97	C
98	B
99	D
100	E (circled)
101	D
102	B
103	E
104	E
105	E
106	E
107	E
108	E
109	E
110	C
111	B
112	C
113	C
114	A
115	E
116	B
117	E
118	A
119	B
120	E

Figuren lernen (3/20)

121	E
122	D
123	C
124	A
125	B
126	E
127	E
128	D
129	E
130	D
131	B
132	A
133	E
134	E
135	B
136	E
137	A
138	C
139	E
140	A

Fakten lernen (18/20)

141	E
142	D
143	E
144	B
145	A
146	C
147	E
148	B
149	E
150	D
151	C (circled)
152	B
153	A
154	A
155	A
156	C
157	B
158	C
159	C
160	A

Diagramme und Tabellen (12/24)

161	E
162	D
163	D
164	B
165	C
166	A
167	D
168	C
169	B
170	D
171	D
172	C
173	B
174	D (circled)
175	D (circled)
176	D
177	D
178	D
179	D
180	D
181	E
182	D
183	D
184	D

Zum vorliegenden Trainingstest ist auch ein Lösungsheft erschienen!

Lutz W. Fichtner:
Lösungsheft zu
„Den TMS erfolgreich trainieren Band 1"
51 Seiten

Das Lösungsheft enthält ausführlich kommentierte Lösungen und Bearbeitungshinweise zu den Aufgaben der Untertests Muster zuordnen, Medizinisch-naturwissenschaftliches Grundverständnis, Quantitative und formale Probleme, Textverständnis und Diagramme und Tabellen des vorliegenden Trainingstests. Das Lösungsheft stellt eine wertvolle methodische Trainingshilfe dar, da es nunmehr mühelos gelingt, die Problemstellungen von TMS-EMS-Aufgaben zu verstehen und korrekte Lösungswege nachzuvollziehen. Auf wichtige Hinweise zur Bearbeitung der Aufgaben, zu Fallen in der jeweiligen Aufgabenstellung und auf Informationen zu speziellen Sachverhalten wird in diesem Lösungsband besondere Bedeutung gelegt

Immer wieder zeigt sich, dass Trainierende bei der Bearbeitung der Testaufgaben mitunter vor Lösungsproblemen stehen, die ohne fremde Hilfe nicht ausgeräumt werden können. Das Lösungsheft gestattet dem Trainierenden somit eine präzise Erfassung der gemachten Fehler, erlaubt ihm das Erkennen individueller Schwächen und ermöglicht ein Verstehen und Nachbearbeiten der korrekten Lösungswege.

www.ems-eignungstest.ch

Meditrain -Verlag Klaus Gabnach

meditrain
Institut für Testforschung und Testtraining Köln. Seit 1985.